男の孤独死

長尾和宏

女は実体だが、男は現象である

——多田富雄

プロローグ
男の孤独死は思いのほか身近にある

仕事柄、さまざまな職種の人と出会う機会がありますが、同じ年齢でもいろいろな人がいるものだなあ、といつも思います。それでも女性のほうは、なんとなく平均像があるように感じますが、男性はまさに千差万別。

75歳だけれど60歳に見える人もいれば、60歳だけれど75歳に見える人もいます。

75歳でも現役で働いている人もいれば、早期退職で早々とリタイアしたのはいいけれど、張り合いをなくして毎日退屈そうにしている人、あるいは、暴飲暴食を長年続けてきたツケで、身体がボロボロになっている人もいる……。

ビジネスの世界でどう生きるか、いかにトップランナーになるかといった自己啓発本は山ほどあり、仕事のために読んで勉強して頑張っている男性は多いです。

でも、「じゃあ、そのあとの人生は?」というと、実に多様です。サラリーマンだけでなく自営業の人でも、65歳以降の生き方はまさに千差万別です。

一方、女性の場合は、人生の後半戦になるほどたくましい。閉経にさしかかった頃から、いい意味で、男らしさを獲得し（笑）、終わりを意識してしっかり準備をされる人も多いです。夫に頼らずに未来を見据えようとします。後期高齢者になれば、いわゆる「終活」にも積極的。

終活という言葉が一般的に使われるようになったのが、5年ほど前のこと。2012年の新語・流行語大賞にもノミネートされました。今ではすっかり定着して、終活ブームとまで言われるようになりました。しかし、終活セミナーに行ったり、テレビや雑誌で情報を収集したりして実際に終活をしているのは、主に女性のようです。もしくは妻に無理やり連れて来られた、気の弱そうな夫しかいません（そのあとデパートで買い物に付き合わされる人も多いでしょう。終活、終活と言うクセに、なぜ今さら指輪やコートがほしいのか？……と言いたいところをグッとこらえて男の日曜日は終わるのです）。

だから、人生の最終章をテーマにした本も、女性向けのものが多いように感じます。

だからこそ、この本は、「男性に捧ぐ」という内容です。

- **男性は、女性よりも7歳短命です！**
- **なおかつ、孤独死の7割が男性です！**

若い女の子は、倦怠期になった彼氏に、よくこんなセリフを言うそうです。

「ねえ知ってる？　ウサギは寂しいと死んじゃうんだって。私もウサギと一緒なの」

しかしある時期からは、男性の方がウサギ化していくようです。しかし、いい歳をしたオッサンが、そんなことを奥さんや彼女に言えるわけもありません。

「ああん？　だからこんなウサギ小屋みたいな家にしか住めなかったんでしょ？」

と十倍返しでしょう。……そんな哀愁の中で生きている男たちが、夫婦だろうと、一人暮らしだろうと、孤独死を避けられるような生き方について、お伝えしたいと思います。

どんなに**大人数の中にいようと、家族に囲まれていようと、死ぬときは一人。**

一人で死ぬということは、悪いことでも寂しいことでもなく、当たり前のことです。

ただ、一人で死ぬことに寂しいイメージがつきまとうのは、死後、何日も見つからなかった結果、警察の検視が入った、解剖された……といった報道の影響でしょう。つまり、一人で亡くなること自体が寂しいのではなく、死後、何日も見つからないまま放置されてしまうことが寂しいのではないでしょうか。

このことに関しては本書のおわりに、兵庫医科大学で法医解剖医をされている西尾元先生との対談を掲載して、さらに言及しています。ぜひ、そこだけでも立ち読みしてください。私は在宅医として、「死ぬ前」の視点から、西尾氏は法医解剖医として、「死んだあと」の視点から男の孤独死を語っています。
この本で、特に伝えたいのは次の3点です。

- **孤独死というものの実態を知ってほしい。**
- **人生の最期に、無用な警察の介入は防いでほしい。**
- **一人でも最期まで安心して暮らせるように、見守り体制を作ってほしい。**

「終活」というのは、遺言を書くとか、エンディングノートを作るとか、なにもそんな特別なことではなく、生き方そのものなのではないかと思います。何時に起きて何をするのか、誰と会うのかといった、日々の生活の積み重ねが、終活。つまり、人生の最終コーナーをまわったときに、どう生きるかということです。

男の孤独死は思いのほか、身近にあります。そのことを意識したうえで、**60歳から75歳までの生き方を一緒に考えていきましょう。**そしてぜひ、夫やお父さん、兄弟に孤独死されたらイヤだなあと思っている女性の方にこそ、この本を読んでいただけたら幸いです。

私も明日、孤独死するかもしれませんが……。

男の孤独死　目次

第4章　「下流老人」と「孤独死」

第5章　孤独死回避術はあるのか？

第1章

これが「孤独死」の現実

厚生労働省がまとめた2016年の人口動態統計（確定数）で、全死亡者のうち自宅で亡くなった「在宅死」の割合は13.0％で、前年から0.3ポイント増えたことがわかった。

戦後から減少傾向が続いていたが、近年は在宅医療の普及などで歯止めがかかり、2003年以来13年ぶりの水準に戻った。全死亡者数は130万7748人で、戦後初めて130万人を突破した。

病院や診療所で亡くなった人の割合は前年比0.8ポイント減の75.8％。老人ホームなど施設での死亡は0.6ポイント増の90.2％だった。

在宅死は1950年頃には約80％を占めたが、その後減少が続き、70年代半ばに病院・診療所と逆転。しかし2006年の23.2％で底を打ち、その後は12％台で推移してきた。老人ホームや老人保健施設での死亡割合も年々増えている。

在宅死の割合を都道府県別に見ると、最高は東京の17％で、最低は大分の7.9％。在宅死には「孤独死」も含まれており、首都圏などでは孤独死が数値を押し上げている可能性もある。

病院・診療所での死亡は北海道が84.0％で最も高く、鳥取が70.6％で最低だった。

毎日新聞2017年9月17日付朝刊より

男の孤独死リスクは50代から始まっている！

同窓会に行くと、同じ年齢の旧友が集まっているはずなのに、昔とあまり変わらない人もいれば、すっかり老け込んでいる人もいてびっくりします。総じて、女性のほうが年相応かそれよりも少し若く見え、男性のほうが一足早く老化しているようにも感じます。

私の年代、50代も半ばになると、女性はまだ「おばちゃん」止まりなのに、男性はすでに「おじいちゃん」にさしかかっているという印象です。

さて「孤独死」と聞くと、80代や90代のイメージがあるかもしれませんが、そうではありません。50代でもうおじいちゃんに見える人がいるように、50代から孤独死のリスクは始まっています。

次頁のグラフを見てください。これは、東京都監察医務院が公表した、東京都23区内での性・年代別孤独死数を表したものです。

東京都区部における性・年齢階級別の孤独死数（平成28年）

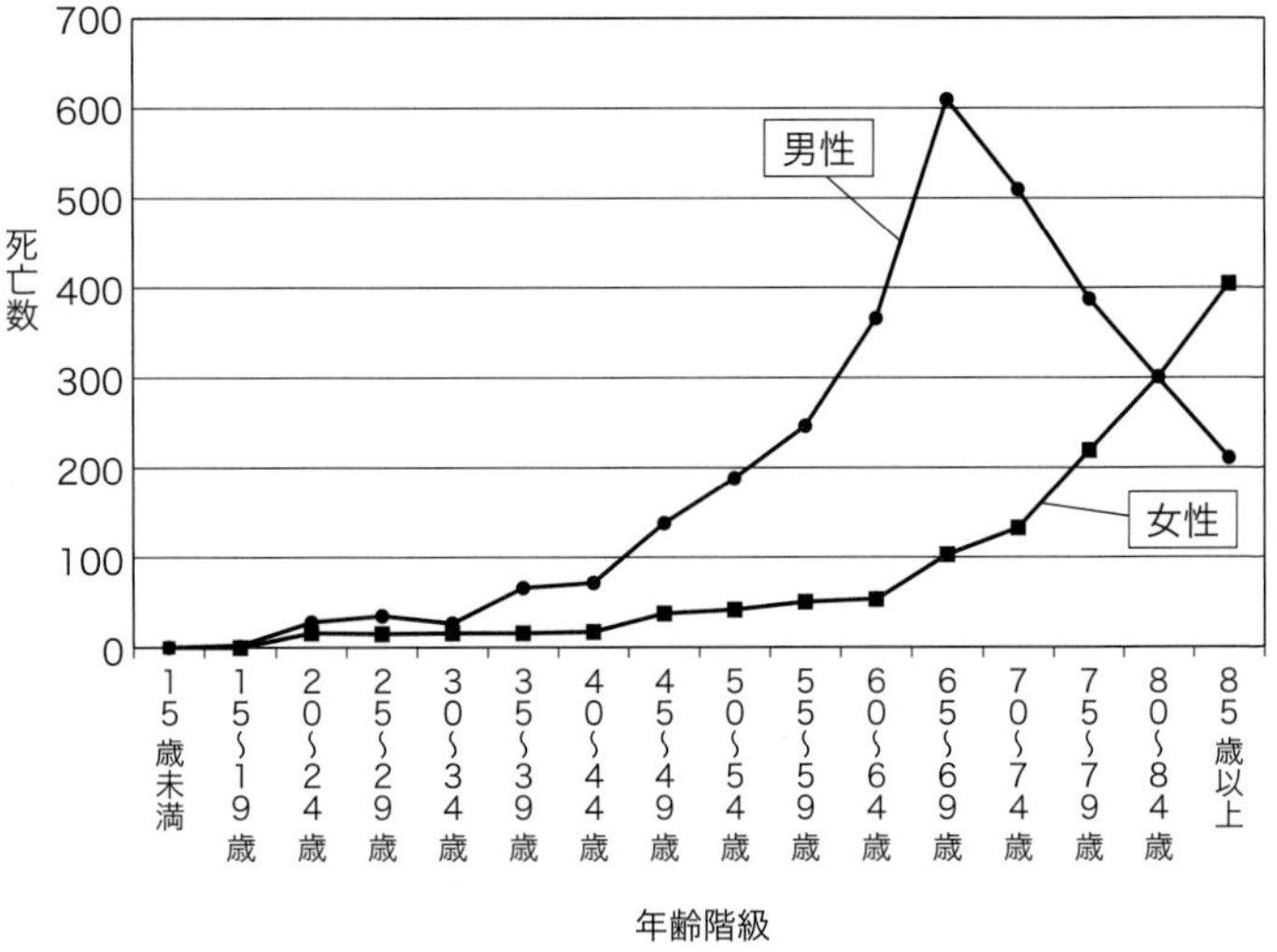

女性のほうのグラフはなだらかに上がっていくのに対し、男性のほうのグラフは、40代、50代からぐっと上がっています。40代、50代でも孤独死している人が、かなりの数いるのです。今、**自宅で亡くなる人の割合は、全国平均で13%**です。

患者さんが亡くなったとき、医師は「死亡診断書」を作成します。死亡診断書は、「誰が・いつ・どこで・どんな理由で亡くなったのか」を記すもので、「死亡した」ということを証明する書類です。

この死亡診断書には、死亡した場所を選ぶ欄があり、「1病院　2診療所　3介護老人保健施設　4助産所　5老人ホーム　6自宅　7その他」と分かれています。「6自宅」にマルがついたものが在宅死で、その割合がおよそ13％なのです。つまり、100人亡くなった人がいたら、そのうちの13人は家で死んでいるということ。

在宅死というと、家族に囲まれ、在宅医に看取られる穏やかな死というイメージがあるかもしれませんが、在宅死のすべてがそうした穏やかな最期というわけではありません。とくに**東京や大阪といった都市部では、在宅死の半数に警察が介入しています。**とはいえ、犯罪絡みの死亡がそんなに多いわけではありません。

警察が取り扱う死体のうち、「犯罪死体（犯罪による死亡が明確なもの）」は、0・3％だそうです。ほかは、「犯罪の疑いがある死体」が12％で、残りは「犯罪の疑いはないけれど、警察が呼ばれた」というケース。

つまり、在宅死の半数に警察が介入しているとはいえ、そのほとんどは犯罪とは関係のない死なのです。自宅で一人ひっそりと亡くなっていて、見つかったときには死後数日経っているようだったため、警察が呼ばれた——。そんな孤独死が、多く含まれています。

孤独死に関する全国統計はありません。明確な定義がないからです。ただ、いくつかの組織が、特定の地域内などの部分的な統計を出しています。

たとえば、東京都監察医務院は、東京都23区内で発生した「不自然死（死因不明の病死や事故死など）」について、死体の検案や解剖を行っている組織です。ここでは、「不自然死のうち、自宅で亡くなった一人暮らしの人の死」を孤独死として、毎年、23区内の統計を発表しています。2016年には、4604人が東京都23区内だけでも孤独死していました。そのうち、およそ7割にあたる3175人が65歳以上でした。

また、**都市再生機構（UR）は、「死後1週間以上経って発見された、一人暮らしの人の死」を孤独死**として、URが管理する約75万戸の賃貸住宅内での孤独死の発生件数を発表しています。それによると、2014年度には、死後1週間以上経って発見された孤独死が186件ありました。ちなみにURは、以前は、「1週間以上」という定義はなく、**一人暮らしの人が自宅で誰にも看取られずに亡くなっていたケースをすべて孤独死として、**統計を取っていたのですが、その統計では1999年から2009年までの10年間で、孤独死の数は3倍に増えていました。

さらに、ニッセイ基礎研究所は、**孤独死は「年間3万人」**と推計しています。3万人といえば、少し前まで我が国の**自殺者の数が、年間3万人**と報じられていました。ここ数年で3万人を切るようになってきましたが（厚労省によれば、2016年は2万1764人）、今なお、日本は他の先進国に比べて自殺者が多いことは変わりません。

そして自殺者も、その7割は男性です。そして自殺以上に実は多く、年々増えているのが孤独死。しかし、自殺と孤独死は重なっている部分も多くあると私は感じています。

孤独死として扱われている中に、少なからず、「緩やかな自殺」といえるケースもあるのではないか、ということです。首を吊ったり、多量の睡眠薬を飲まずとも、生きる気力を失ってきちんと食べなかったり、外部との連絡を億劫がり、また病気になっても治療のために動こうとはせずに家で衰弱していく自分を放置しておく、酒浸りになって周囲とのコミュニケーションを断ってしまう……警察はこれらを自死とは特定しませんが、限りなく自死に近い孤独死であると思うのです。セルフ・ネグレクト（自己放任）という言葉も最近使われるようになりました。言い換えれば、消極的な自殺行為でしょうか。

いくつかの統計を紹介しましたが、全国統計はないのでハッキリとした数値は言えません。でも、少なく見積もっても、全国で亡くなっている人のうち、およそ5％は孤独死でしょう。想像以上に多いと思いませんか？ 決して他人事ではありません。ただ、我が事として起こっても、起こったあとでは本人は気づかないのですが。

5％ということは、**20人に1人は孤独死**しているということです。私も孤独死するかもしれませんし、あなたも孤独死するかもしれません。

家に他人を入れるのが億劫な男たち

「長尾さん、あなた、在宅医をやっているから孤独死の現場を日々たくさん見ているのでしょう？」。最近よく、そんなふうに尋ねられます。

しかし、こんな質問をしてくる人は、在宅医療のイメージが湧かない人なのでしょう。考えてもみてください。医師や訪問看護師、ケアマネージャーさん、ヘルパーさん……在宅医療を利用すれば、毎日、さまざまな職種の人が家に出入りするようになるのです。つまり、孤独死させないために私達が存在しているとも言えます。

しかし、「家に他人を入れる」ことが嫌な人もたくさんいるわけです。自分の領域に他人がいることだけでストレスになってしまう人。家が散らかっていて、長年掃除もしておらず、たとえ医師や看護師であろうと、自分のだらしない部分を絶対に見せたくない人など、理由はそれぞれでしょう。そんな人は、**そもそも在宅医療を依頼してきません。**だから孤独死のリスクが高まります。そして、そのほとんどが男性です。そんな男の気持ちは、個人的にはわからなくもありません。

しかし、在宅医も看護師も、汚い家なんて慣れっこです。酒の匂いが充満した部屋で、畳で腐ったバナナを踏んづけようが、犬の毛まみれになろうが、あるいはカチカチに固まった猫のウンコを踏んづけようが、もはや誰も気にしません。ゴミ屋敷、どんと来い！なのです。だから、汚い家を他人に見せるのが恥ずかしいからといって**在宅医療を頼まないのはモッタイナイ！と内心思います。**

ただ、部屋を片付ける気力とは、生きる気力に繋がります。**何年もゴミだらけの部屋に住んでいるというのは、それ自体がセルフ・ネグレクト。**部屋自体より、その人の心の中が気になるのが医者というものです。逆に言えば、とても片付いた、きれいな部屋で孤独死している人など、私は見たことがありません。

在宅医の私が孤独死に遭遇するのは、もっぱら患者さんではなく、クリニックの近くで孤独死した人がいたとき。「ちょっと診てもらえませんかね」、と警察から呼ばれて**「死体検案書」**を書くわけです。ちなみに、かかりつけの医師（主治医）として経過を診ている患者さんが亡くなったときには**「死亡診断書」**を書きます。しかし、かかりつけではない方が亡くなったときには、死亡診断書は書けないので、「死体検案書」というものを書くこともあります。

トイレやお風呂で孤独死しているケース

あるとき、朝一番に**「一人暮らしの90歳のおじいちゃんが自宅アパートのトイレで亡くなっている。来てもらえないか」**と警察から連絡をもらいました。

おじいちゃんの家には、車で1時間ほど離れたところに住む娘さんが週1回ほど訪ねていたそうで、トイレで座ったまま亡くなっているのを見つけたのも、その娘さんでした。

おじいちゃんは、やはり他人を家に入れるのが億劫だったのでしょう。医療にも介護にも一切お世話になっていなかったので、かかりつけ医はいませんでした。驚いた娘さんが**救急車を呼んだ結果、救急隊が警察に連絡し、警察が介入することになった**のです。なぜ警察から私のところに連絡が来たのかというと、おじいちゃんは1年ほど前に私のクリニックの外来に来られたようで、私が処方した風邪薬の袋が机の上に置いてあったのです。風邪で一度来ただけの外来患者さんですから、私の記憶にはありませんでした。

その家に到着すると、警察官から「事件性はないようなので、死体検案書を書いてください」と言われて、「死亡推定時間は3日前です」などと教えてもらいながら、死体検案書を作成しました。こたつの上を見ると、おせんべいの袋やコンビニのおにぎり、焼酎の瓶などが置いてあったので、最期まで自分で食べて、移動できていたようです。

つまり、独居でふつうに生活できていたそのおじいちゃんは一人でトイレに入ったときに亡くなって、死後3日経ってから発見されたわけです。いわゆる孤独死でした。しかし、事件性がないと判断し、1年前に診察した私が「死体検案書」を書いたので、おじいちゃんは解剖されることなく、そのまま娘さんの手はずで茶毘《だび》に付されました。

高齢者がトイレや風呂場で絶命することはよくあります。とくに冬場は、暖房が効いた部屋から寒い脱衣所やトイレに行くときに、血管が収縮して急速に血圧が上がってしまいます。すなわちヒートショックです。それで心筋梗塞や脳溢血、くも膜下出血を起こしてそのまま絶命というケースです。特に高齢者の方は、熱い風呂にじゃぼーんといきなり首まで浸かるのが大好きなので、突然の温度差に心臓がびっくりしてしまうのです。できればお湯はぬるめの設定を……。

しかし私は、トイレやお風呂で死ぬことが悲惨なことだとは、ちっとも思いません。最期まで自力でトイレやお風呂に行けたということは誇らしいことですし、たとえ苦しんだとしてもその時間はわずかだったはずです。

孤独死したら、その後どうなるの？

ところで、ここまで何度も「孤独死」という言葉を使ってきました。**「男が孤独死を避けるにはどうしたらいいのか」**を伝えるためにこの本を書いているのですが、そもそも孤独死とは何か？　と言えば、先にも述べたように、実は定義はありません。

辞書を引くと、次のように書かれています。

「誰にも気づかれずに一人きりで死ぬこと。独居者が疾病などで助けを求めることなく急死し、しばらくしてから見つかる場合などにいう」

しばらく、の定義は曖昧です。

しかし私は、**日数や時間ではなく、「警察が介入するかどうか」**だと考えます。

本来、死に警察は関係ありません。事件性がない限り、人の死に警察が介入する必要はありません。でも、亡くなってから幾日か経っていたり、そもそも普段の様子を知っている人がいなくて死因がわからなかったりすると、「もしかしたら事件かもしれない」という可能性を否定できないので、警察を呼ぶことになります。
本人はいいのです、死んでいるわけですから。ただ、家族によっては、親の死が警察沙汰になってしまった……とトラウマになることもしばしばあります。

私の友人の父親が先日、お風呂で亡くなりました。行きつけの居酒屋で楽しくへべれけになるまで飲んだあと、お風呂に入ってそのまま絶命したのです。寒い夜でした。電話に出ないことを不審に思った友人が、その翌日に発見し、警察に届けたのです。

「いやあ、警察沙汰になって参ったよ。酔っぱらって、大好きな風呂に入って死んだのだから、オヤジ本人は満足だったと思うよ。どう考えたって事件性はないだろう？　それなのに警察っていうのは、驚くほど根掘り葉掘り訊くんだよ。オヤジの貯金通帳はもちろんのこと、発見者の俺の携帯の履歴まで全部確認するわけ。それで、俺の浮気相手のお姉ちゃんとのラインのやりとりを見つけて、どういう関係なのか？　とかまで訊かれちゃったよ。なんでオヤジが死んだことと、そのお姉ちゃんのことが関係あるんだ？　って頭にきたから言ってやったけどさ、そういう決まりですからの一点張りなんだよね、警察は。このこと、カミさんに知られたらどうしようってもうヒヤヒヤものさ……」

彼は疲れ果てていて、肉親の死の哀しみさえ、ちゃんと受け止める余裕がなくなっているようです。

「警察も大変やなあ……もっと他にやることあるのに」

警察のお世話になることが悪いとは言いませんが、お世話にならなくて済むのなら、そのほうがいいのではないかと思います。

「多死社会」という言葉をよく耳にするようになりました。亡くなる人の数は増えています。今、1年間のうちに亡くなる人の数は130万人ほどですが、2040年にはさらに30万人増えて160~170万人にも達すると推測されています。一方、出生数は年々低下しています（左頁の図参照）。

亡くなっている人が見つかったときに、すぐには病死と判断できない場合、「検視」といって、警察による犯罪性の調査が行われます。そして、警察が必要と判断すれば、法医解剖が行われることになります。この件に関しては、本書巻末での西尾元医師との対談をお読みになってください。亡くなる人が増えるということは、検視の数も増えるということです。このまま増えていくと、警察も、警察医や監察医も手が回らなくなってしまうのではないでしょうか。もうすでに手一杯になっているのかもしれません。

西尾元先生によれば、今、**警察が取り扱う死体のうち、司法解剖が行われるのはたった**

出生数および死亡数の将来推計

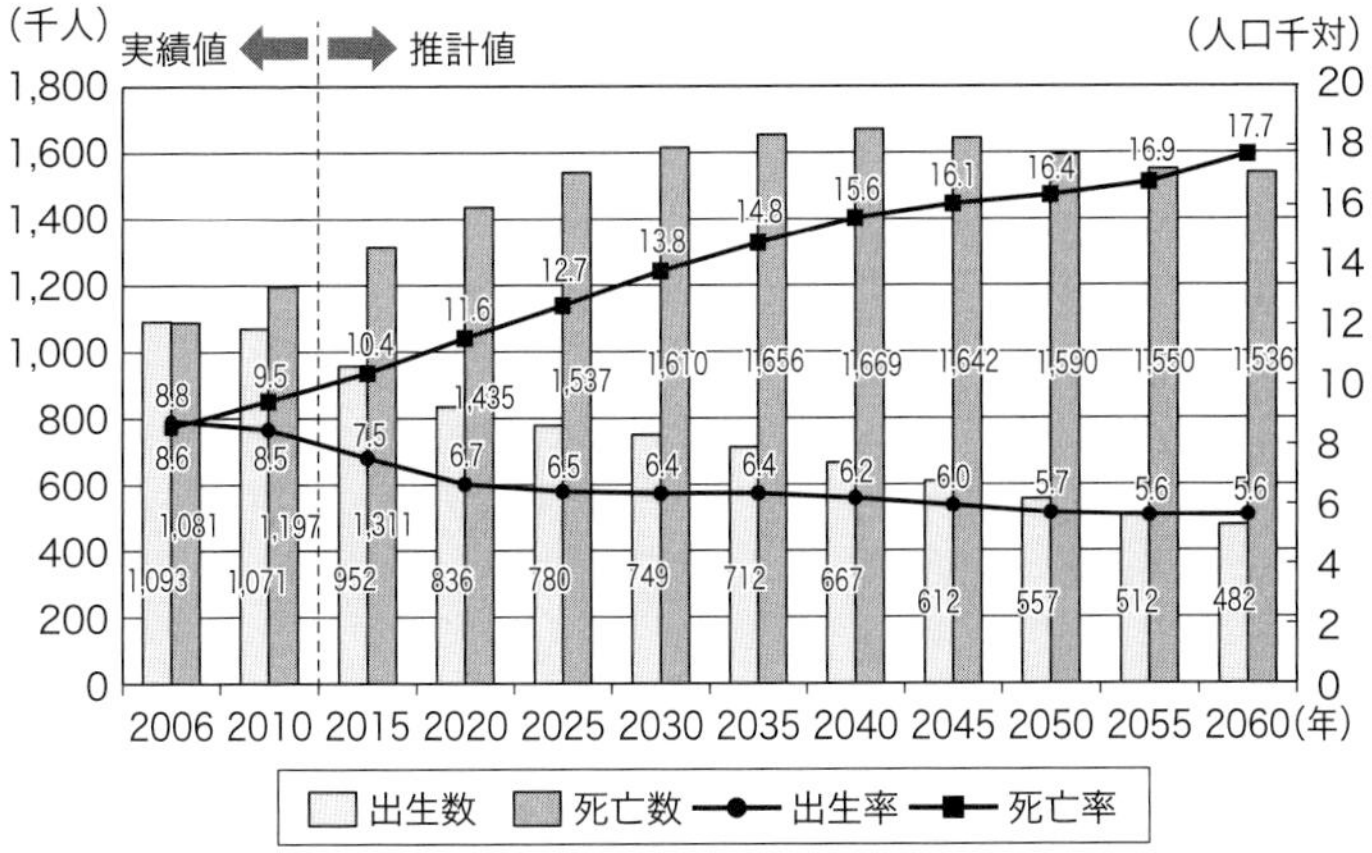

資料：2006 年，2010 年は厚生労働省「人口動態統計」による出生数および死亡数（いずれも日本人）。
2015 年以降は国立社会保障・人口問題研究所「日本の将来推計人口（平成 24 年 1 月推計）」の出生中位・死亡中位仮定による推計結果（日本における外国人を含む）。

の1割ほど。この解剖率は、他の先進諸国に比べてかなり低い。たとえば、スウェーデンでは9割が解剖にまわされるそうです。

さらに言えば、日本の解剖率は地域格差が大きく、**神奈川県では3割を超えている一方、広島県や岐阜県は3％を下回っています。10倍以上の開きがある**のです。

こうした現状では、事件性のある死体を見逃してしまっている可能性すらあります。それなのにさらに検視対象となる遺体が増えていったら……。どうなるかは、お察しのとおりです。そうした面からも、不要な警察の介入はできる限り減らしたほうがいいと思っています。

　お正月になると、餅を喉に詰まらせて亡くなる人がときどきいます。おじいちゃんがお餅を詰まらせて窒息していると連絡が入り、駆けつけるのは、私の正月の恒例行事のようなものです。厚労省の統計を見ても、「不慮の窒息」による死亡者数は、毎年、1月が最も多いのです。

　おじいちゃんが**在宅医療を受けていれば、在宅医が診て、異状死ではないことを確認すれば、死亡診断書を書けます。**ところが、かかりつけの医者がいない場合、死亡診断書を書ける人がいないので、正月早々に警察が入り、事情聴取が始まります。犯人は餅ですが、警察はほかに犯人がいるかのごとく調べ上げます。ご家族が、もうお餅なんか一生見たくない！　と思ってしまうこともしばしばです。

　それぞれに事情聴取が終わったら、今度は現場検証で、夜中だろうと高齢だろうと、数時間拘束されます。どこで買った餅なのか？　どの包丁で切ったのか？　雑煮の具は何が入っていたのか？　なぜ、要介護状態なのに餅を食べさせたのか？　などと訊かれる場合もあります。**在宅医療を受けていたかどうかで、最期の迎え方が大きく変わってしまうのです。**

在宅医療が孤独死を防ぐ！

ほんの30年前には、医者が患者さんの自宅に行って診るのは「往診」しかありませんでした。「急病人がいるから、来てください」と呼ばれて、急きょ、患者さんの家に行くのが往診です。ところが1990年前後から、「在宅医療」という言葉が出てきました。**現代の在宅医療の基本形は、「訪問診療＋往診」**です。

前もって計画を立てて定期的に訪問し、診察したり薬を出したり相談に乗ったりするのが、訪問診療。どのくらいの頻度で訪問するかは病状にもよりますが、1〜2週間に1回の訪問です。では、何のために2週間に1回、定期的に訪問しなければいけないのでしょうか？　医者の金儲けのため……ではもちろんなく、二つの意味があります。

一つは、処方せんを書いて薬を処方するため。

医師法20条によると、診察せずに治療をしたり診断書や処方せんを交付したりしてはいけない、と定められています。だから、お薬を処方するためには必ず医師の診察が必要です。

私は1ヵ月分を処方することが多いですが、在宅患者さんの熱が出たり、お腹が痛くなったり、便秘がひどくなったりと、いろいろな体調の変化があればその都度往診をしないと、処方せんを発行できません。

訪問診療が必要なもう一つの理由は、**もしも自宅で亡くなったときに、死亡診断書を書くため**です。

死亡診断書を書けるのは医者だけで、それもその人の経過を診ている医者だけです。

たまに「死亡診断書だけ書いてくれればいいよ。訪問診療ってお金がかかるでしょう？　死んだあとだけ来てくれればいいから」などと言われることがありますが、そうはいかないのです。**病状が悪化する経過を一度も診ていなければ、死亡診断書を書けません。**

だから、偶然通りかかったマンションで、たまたまおじいちゃんが亡くなって、「あ、ちょうどいい。あなた医者でしょ？　死亡診断書を書いてよ」なんて家族に頼まれたとしても、絶対に書けません。2週間に1回、あるいは1ヵ月に1回でもいいので、定期的に診ている医者でなければ死亡診断書は書けないのです。

一人暮らしの高齢者が年々増えています。熟年離婚数が増えていることも影響しているでしょう。結婚の問題については次章で詳しく書きますが、65歳以上の高齢者の配偶関係についてみると、２０１０年の調査では、有配偶率、つまり65歳以上で既婚者は、男性80・6％に対し、女性は48・4％です。女性のほうが長生きだったり、男性は年下の女性と結婚している人も多かったりすることから、これほど差がついているのでしょう。次頁のグラフ、「一人暮らしの高齢者の動向」を見ても、一人暮らしの人はやはり女性の方が多いのです。それにもかかわらず、孤独死するのは圧倒的に男性である、という現実。これはもう、「生き方の問題」と言うほかありません。

最期に警察のお世話になりたくないと願うなら、「かかりつけ医」を持っておくことが大前提になります。在宅医療を受けていれば、その在宅医が死亡診断書を書いてくれます。もし医者に家に来られるのが嫌な場合は、外来でも構いません。

いざというときに死亡診断書を書いてくれる「かかりつけ医」を持っておくこと。それは、最期に警察のお世話にならないための最重要条件です。

一人暮らし高齢者の動向

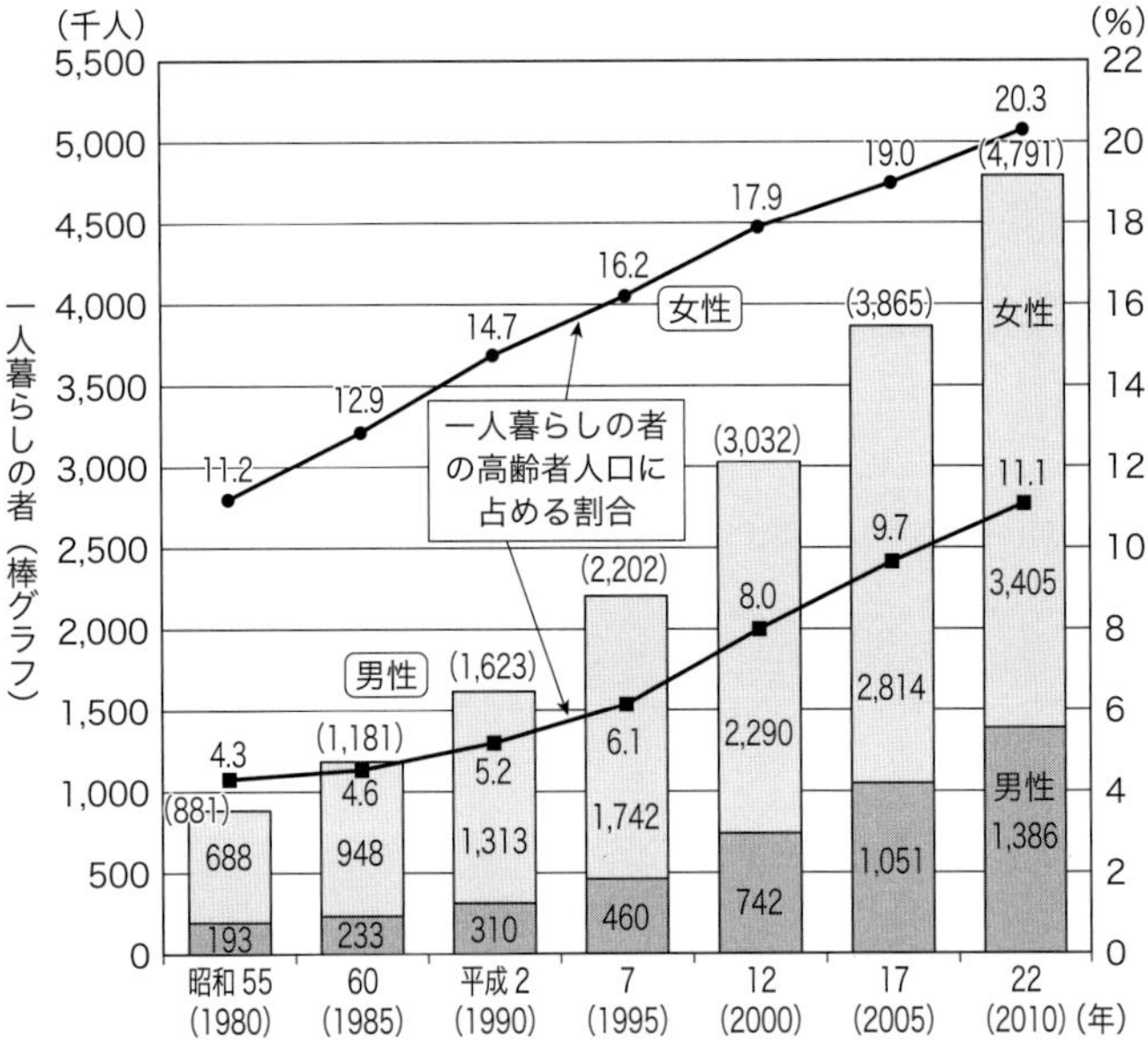

資料：総務省「国勢調査」
(注1)「一人暮らし」とは，上記の調査・推計における「単独世帯」のことを指す。
(注2) 棒グラフ上の(　)内は65歳以上の一人暮らし高齢者の男女計
(注3) 四捨五入のため合計は必ずしも一致しない。

死ぬときに医者はいらない

死亡診断書や医師法20条の話が出てきたので、ぜひ、お伝えしたいことがあります。「死ぬ瞬間に医者が立ち会っていないと、死亡診断書を書いてもらえない」と勘違いされている人が実に多いのですが、そんなことは決してありません。

医師法20条に謳われているのは、〝診察をしないで診断書や処方せんを書いたらダメ〟というだけ。診断書は死亡の診察をしてから書きなさい、ということです。死ぬ瞬間に立ち会っていなくても「事件ではなく病気で死んだ」ことを死後に確認すれば、死亡診断書を書くことができます。どのくらい「あとから」でいいのかというと、亡くなってから1時間後でも6時間後でも、翌日でも構いません。

もう一つ、医療者の間でも、よく誤解されていることがあります。

「ワシはこの患者を24時間以内に診ていない。だから死亡診断書を書けない。だから、警察を呼ばないと！」

これも完全な誤解です。まことしやかに流れている都市伝説のような嘘。こうした誤解が医者の間でも消えないのは、**医師法20条の但し書きが間違って解釈されているから**です。医師法20条には、次のように書かれています。

> 第20条　医師は、自ら診察しないで治療をし、若しくは診断書若しくは処方せんを交付し、自ら出産に立ち会わないで出生証明書若しくは死産証書を交付し、又は自ら検案をしないで検案書を交付してはならない。但し、診療中の患者が受診後24時間以内に死亡した場合に交付する死亡診断書については、この限りでない。

但し書きの部分をわかりやすく言えば、**「診療したあと、24時間以内に患者さんが亡くなったら、家に行かなくても死亡診断書を書いていいよ」**という意味です。

たとえば、今朝私が診察した患者さんが、その日の夕方に家で亡くなったとします。最後の診察から24時間経っていないので、主治医の私自身は家に行かずに、「看護師さん、死亡診断書を持って行ってね」と託しても構わないということです。

「え、そんなにいい加減でええの？」と、驚かれるかもしれません。

医師法20条は、昭和24年、今から70年近く前にできた法律です。当時は今ほど医者がいませんでした。離島や山間部、雪国など、医者が簡単には往診に行けない地域もあるなか、問題がないようにするために、病状が悪い方の往診に行き、24時間以内に息を引き取った場合は再度行かなくても死亡診断書を書いてもいい、という法律になったのでしょう。とてもおおらかな法律なのです。ところが多くの医者は、「診察後、24時間以内だったら死亡診断書を書ける。24時間以上経っていたら死亡診断書を書けない」と、勘違いしています。インターネットで検索すると、「自宅で亡くなったら、警察を呼ばなければいけない」「死亡診断書は、診察後24時間以内でないと書いてもらえない」など、間違った情報ばかり。なかには、「自宅で亡くなったら、まず、救急車を呼んでください」と書かれているものもありました。救急車は、急病人を救うためのもの。すでに亡くなっているのに呼ばれても、救急隊にできることはないので、警察が呼ばれます。

医療法20条の但し書きと、次の医師法21条を混同している医者も多くいるようです。

第21条　医師は、死体又は妊娠４月以上の死産児を検案して異状があると認めたときは、24時間以内に所轄警察署に届け出なければならない。

ご遺体を見て、刺し傷や打撲、首を絞められたような痕はないかを確認して、もし殺人の可能性が疑われるなら24時間以内に警察に届けなければいけない、というのが医師法21条です。つまり、犯罪に関する法律なのです。

ところが、「24時間」という言葉が20条と21条に共通して入っているため、どうも混同されがち。その結果、**「診察して24時間以上経ってから死んだ場合は、警察に連絡しないと」という誤解**につながっているのでしょう。そんな決まりはどこにもありません。

あまりに多くの医者が誤解しているため、厚生労働省は平成24年に「最後の診察から24時間を超えて亡くなったら、死亡診断書を書けない、警察に届けなければいけないというのは、間違いですよ！」と、通知を再び出しました。昭和24年に施行された法律が平成24年に確認され、再周知されたのです。

くどいようですが、死ぬ瞬間に医者がいなくても、死んだあとにかかりつけ医が来て、死亡診断書を書いてくれさえすれば、一切、警察のお世話にはなりません。家に一人でいようが、そんなに時間が経たずに見つけてもらい、すぐにかかりつけ医に連絡してもらえれば、孤独死と言われる最期にならない可能性がうんと高まります。

自宅の鍵を預けられる人がいますか？

というわけで、自宅に一人でいるときに倒れても、なるべく早めに見つけてもらってかかりつけ医に連絡がいけば、孤独死にはなりません。では、早めに見つけてもらうには？

そのためには、「見守り」が大事です。要介護度が高い人であれば、毎日介護士さんに入ってもらう、介護士さんが入らない場合はご近所さんや民生委員の人に覗いてもらう。

1日1回誰かが顔を出してくれるようにしておけば、たとえ家の中で倒れていても24時間以内に見つけてもらえます。こうした見守り体制をつくるための人付き合いについては、後ほどまた詳しく説明しましょう。

そこで問題になるのが玄関の「鍵」なのです。扉の内側で鍵がかかったまま倒れていると、簡単には中に入れません。

実は、一人暮らしの患者さんの家を初めて訪問するときにも、鍵のことが気になって仕方ありません。ピンポーンとチャイムを鳴らすと、高齢者の場合、慌ててドアを開けに行こうとして倒れてしまうことがあるのです。なので、私も訪問する際は、「自分が転倒を作ってしまうのではないか」と、びくびくしながらチャイムを鳴らしています。たとえ転倒しなくても、足腰が弱っていると、チャイムが鳴ってからドアを開けるまでに10分かかる人もいるのです。そうした場合には、**「合鍵を作らせて」**と頼むことがあります。

もちろん、在宅医療を担当し始めたばかりの人には言えません。誰だってよく知らない人に鍵を預けることなんてできませんよね。信頼関係ができた頃合いを見計らって提案するのですが、非常に精巧な鍵の場合、複製するのに1本1万円以上かかることがあります。訪問看護師さんやケアマネージャーさん、介護士さんの分も必要なので、費用がかさむときは秘密の場所にキーボックスをつけたり、どこかに鍵を隠しておいたりします。一番単純ですが、「昼間は鍵をかけない」という家がとても助かります。

いずれにしても、一人暮らしの場合、「もし家に一人でいるときに倒れたら？　しかも鍵をかけた状態だったら？」という場面のために、**なるべく早いタイミングで見つけてもらえるように鍵問題を想定しておく**必要があります。

そして、在宅医療・介護スタッフのみならず、信頼できるご近所の友人か誰かにも鍵を預けておくことが、実は非常に大事です。そうは言っても近くに頼れる人がいない、と考えるのも男性が多いのです（次頁グラフ参照）。確かに近所付き合いは面倒くさく、いいこ

地域での付き合いの程度

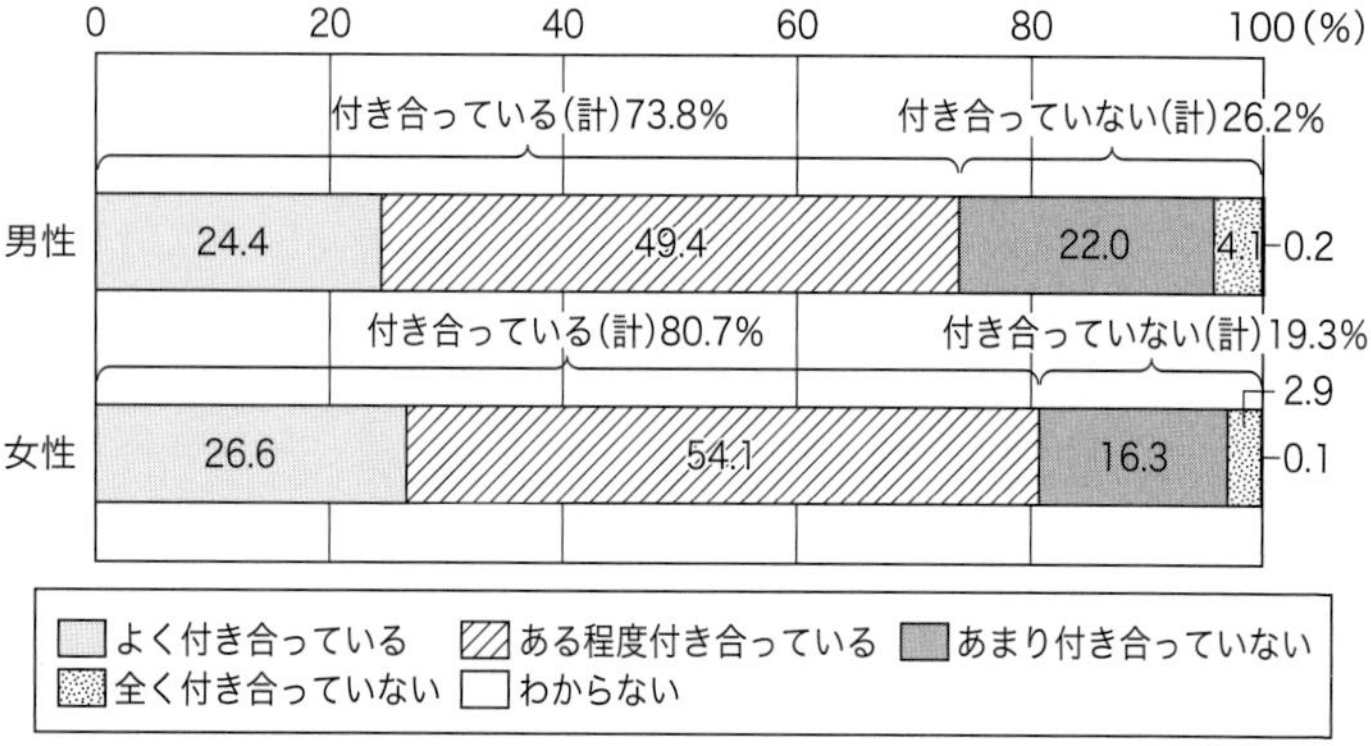

資料：内閣府「社会意識に関する世論調査」(平成26年度)より作成
(注) 調査対象は全国20歳以上の日本国籍を有するものだが，そのうち60歳以上の回答を抜粋して掲載

とばかりではありません。しかし、探せば必ず、あなたの心の支えになってくれる人がご近所で見つかります。そのためには、行きつけの定食屋や居酒屋、スナックを持つことも大切。

　これもあとから詳しく書きますが、家で一人で呑むくらいなら、世話好きのママがいるカウンターのある店に出かけましょう。どうせなら若い娘のいる店がいい、なんて言ってはダメです。若くてキレイな女性に「あなたの家の合鍵がほしい」と囁かれても、預けないほうが身のためでしょう。孤独死する前に殺されてしまうかもしれませんから……。

おじいちゃんがお風呂の中で死んでいます

一人暮らしではなく、**三世代の家族と一緒に暮らしていても、孤独死する**ことはあります。たとえば私が在宅で診ていた患者さんで、以前にこんな方がいました。

自宅の1階で小さな会社をやっていて、そのおじいさんは2階で、娘さん一家と一緒に暮らしていました。トイレまでつたい歩きできるくらいの介護度です。きれい好きな方で、普段からピシッと小綺麗にされている粋な男性でした。

ところがあるとき、訪問看護師がいつものように訪ねたところ、普段はベッドに横になっているおじいさんがいないのです。

「もしかしたら?」と思った看護師がお風呂場を覗いてみたら、浴槽の中で既に亡くなっているおじいさんを見つけました。しかも、大量に脱糞もされ、ウンコまみれの形で。

その方は、朝風呂が習慣だったのです。おそらく朝はお元気だったのでしょう。だから、いつも通りにお風呂に入ったのだと思います。ご家族だって、こんなことになっているなんて思いもよりません。ご家族は1階で仕事をしていましたが、お店に出ていたり、違う部屋にいたりして、まったく気づいていませんでした。

その看護師は、ご家族に伝える前に、私に連絡をしてきました。そして、「おじいちゃんがお風呂の中で死んでいます。抱き上げてもいいですか?」と訊ねました。

なぜだと思いますか? ご家族のショックを和らげるためです。

いつも小綺麗な格好をしていたおじいさんが、便が浮かんでいるお風呂の中で亡くなっている姿を見たら、家族はどれだけショックを受けるでしょう。一緒に住んでいるのにどうして何時間も気づいてあげられなかったのかとずっと悔やむはずです。

その看護師の想いを咄嗟《とっさ》に汲んで、私も「おじいちゃんをベッドに移してから、家族には伝えて」と、看護師に指示しました。それで看護師は、おじいさんを一人で湯船から抱き上げてベッドに移して、バスタオルで軽くきれいにしてあげてから、1階のご家族に伝えたのです。

ちょうど近くにいた私が15分後くらいに駆けつけたときには、おじいさんはベッドに横になっていて、そのまわりで娘さん、お婿さん、お孫さんたちがあたふたとされていました。ご家族には、ありのままを伝えました。ただ、「なぜ体をきれいに拭いてから伝えたのか」ということは言いませんでした。また、亡くなってから既に3、4時間は経っていましたが、あえて、いかにも今亡くなったかのような言い方をしました。やさしい嘘をついたのです。

「大変だけれど、しょうがないね。きっとお風呂の中で心臓が止まったんだね」と伝えつつ、死亡診断書の死因には「急性心不全」と書きました。その方は前立腺がんの末期でもあったので、「前立腺がん」と書くか、「溺死」と書くか、あるいは「急性心不全」と書くか、迷いました。医学的には、入浴中の溺死でした。でも、「溺死」という言葉は一緒にいた家族にとっては重たい。かといって、前立腺がんが理由で亡くなったわけではありません。入浴中におそらくヒートショックから致死性不整脈が出たのでしょう。その結果、溺死されたのだろうから、「急性心不全」と書く分には誤りではないでしょう。

そうご家族にも相談して、念のために「不審な点はありますか？　まさか泥棒が入ったなんてことはないよね？」とも尋ねました。そして、「入浴中に急性心不全を起こして、それを見た看護師が抱き上げてきただけだから、警察に連絡する必要はないと私は思うけれど、もし気になったら、警察に連絡してもいいんですよ」とも伝えましたが、ご家族は泣きじゃくりながらも納得されていたので、その場で死亡診断書を書いて、お看取りとしました。

もしも在宅医療を受けておらず、最初に見つけたのが訪問看護師ではなく、ご家族だったら、きっと慌てて救急車を呼んでいたでしょう。でも救急車を呼べば、そしてあの状態なら、自動的に警察が来ます。そうしたら、おじいちゃんが死んだというショック、便が浮かぶ中で亡くなっていたというショック、一緒に住んでいながらすぐに見つけてあげられなかったというショック、警察が来て事情聴取や現場検証で何時間も拘束されるというショック……。四重苦が待っていたはずです。もしも警察の検視の結果、解剖に送られることになったら、さらにどれだけ大きな悔いが残ったでしょう。

看護師が咄嗟の判断で機転を利かせてくれて、たまたま私もすぐに駆けつけることができたので、おじいさんの尊厳を保ち、ご家族のショックも軽減できました。こう毎回うまくいくとは限りませんが、少なくともこのときには、在宅医療を受けておられたから家族のトラウマを最小限にすることができたのだと思います。

家族と一緒に暮らしていても、死後、何時間も気づかずにそのままにされていて、慌てて救急車を呼んだら、警察扱いになった——ということは現実にいくらでもあります。

それも、「孤独死」と呼ばれるのではないでしょうか。大家族の中での孤独死です。

死には、予想された死と、予想されなかった死の二つしかない

今、約500人の在宅患者さんを診ていますが、そのうちの7割が女性です。「男性の要介護者は一体、どうしているんだろう?」と不思議に思います。真実はわかりませんが、男性の場合、「在宅医療なんていらない」という場合が多いのかもしれません。

いずれにしても、女性のほうが支援を求めるのが早いように感じます。私が副理事を務める日本尊厳死協会の会員も、女性のほうがずっと多い。女性のほうが自分自身の「死」や「人生の終わり方」を直視することができるのではないでしょうか。終末期に関する講演会をやっても、来てくださるのは8割方女性です。

男性は、そんなものは「見たくない」「考えたくない」という人が多い。先のことを考えたくないため、準備がないまま、いきなり終わりが来てしまいやすいのでしょうか。要は、男のほうが怖がりなのでは。死を考えたくないからその結果、孤独死の確率が高まる。

終末期医療に長く従事してきて今思うことは、死には、大きく二通りあるということ。

「予想された死」と「予想されなかった死」の二つです。

予想された死の代表が、老衰《ろうすい》です。徐々に弱っていくので、本人も家族も準備がしやすく、意外かもしれませんが、孤独死にはなりにくい。

一方、予想されなかった死とは、つまりは突然死です。なんの前触れもないまま、突然、発作が起こって倒れてしまう。そのまま誰も気づかずに時間が経てば、孤独死になります。

突然死を起こしやすい病気としては、**急性心筋梗塞**や**大動脈解離**が有名です。

また、あまり知られていない突然の心停止には、**「ブルガダ症候群」**というものがあります。初めて聞く人も多いでしょう。では、**「ポックリ病」**という名前は聞いたことがありますか?

一見、健康そうな働き盛りの男性が、夜、寝ている間に唸り声をあげて、突然、ぽっくりと死んでしまう。これは「ポックリ病」と呼ばれていました。東京監察医務院が名づけ親だそうです。

ポックリ病は、比較的若い人に多く、「なんで、あんなに元気だった人が死んじゃった

こんな人が危ない!?　突然死のリスク

京都大学健康科学センター長で予防医学の専門家である川村孝教授は、愛知県内の男女約20万人を対象に、突然死した264人を調査。どんな状況で突然死が起こるのかを発表している。

- 40代、50代が最も突然死する。
- 女性より男性のほうが約２倍の確率で起こる。
- 月別にみると４月が最も多く、平均的な月に比べて約1.62倍。
- ウィークデーに比べて日曜は1.9倍。土曜日は1.36倍。
- 午前０時〜３時の間は、午前９時〜12時の1.76倍。
- 死因は、心臓血管系が半数以上。
- 勤務中に突然死する確率は２割弱。勤務外が８割強で、その内訳は、睡眠中が20%、入浴中が5%、用便中が５%。

の？」「本当は自殺じゃないの？」などと囁かれていたのですが、最近になってブルガダ症候群が原因だったことがわかってきました。

ブルガダ症候群は、１９９２年にスペインの医師、ブルガダ兄弟によって報告された病気です。遺伝子の異常がかかわっていると言われていて、寝ている間や食後に致死性の不整脈が生じて突然死していたのです。

ブルガダ症候群は、男女比が９対１で、圧倒的に男性に多い病気。20代、30代、40代という若い人に多く、しかもなんの前触れもなく発作が起こります。だから「ポックリ」と表現されていたのです。

ただ、ブルガダ症候群は、心電図で特徴

的な所見を示すので、健康診断で心電図検査を受けていれば、まず見つかります。そして、突然死のリスクが高い人には植え込み型除細動器を植え込んでおけば、命にかかわる不整脈が起きたときに作動して、突然死を防ぐことができます。でも、ブルガダ症候群であることを知らずに暮らしていると、「あるとき突然……」ということになるので、男性は自分がブルガダ症候群かどうか、調べておくといいでしょう。毎年健康診断を受けていても、心電図検査を受けなければわかりません。

ブルガタ症候群の話が長くなりましたが、**突然死はある一定頻度で起こります。確率で言えば、5％ほど。**いくら健康に気をつけていても、なる人はなるのです。突然のことで予想しにくい分、孤独死につながりやすいのですが、もしも速やかに見つけてもらえて、かかりつけ医に連絡がつけば、無用な警察の介入を防ぐことができるかもしれません。

願はくは　花の下にて　春死なむ

先にご紹介した突然死のリスクはなかなか面白い結果です。4月の深夜帯が一番危険ゾーンだということは、お花見で酔っぱらった夜の中年男が最も死に近い、とも見てとれます。思わず西行《さいぎょう》法師さんの有名な和歌、「願はくは　花の下にて　春死なむ　その如月の望月の頃」を思い出してしまいました。西行さんは、生前に詠んだこの歌の通りに、満開の花の下、如月の釈迦入滅の日に死んでいったというからあっぱれです。73歳でした。

歴史上の人物で、一番うらやましい死に方かもしれません。昔は医療があまりなかった分、ピンピンコロリの人が多かったはずです。

「ピンピンコロリ」と言えば、幸せな最期の迎え方の代名詞です。老いてなお元気に活動して、あるとき、コロリと大往生する。理想的と言えば理想的ですが、これは、突然死と同義です。しかし、ピンピンコロリと亡くなったときに、「大往生」や「平穏死」と言われるのか、「孤独死」と言われるのかは、紙一重です。

人生の最終段階になったら自然な経過に任せる、というのが平穏死です。私は、次の5つを満たしている最期のことを「平穏死」と考えています。

① 最期を迎える場所が、「本人が希望する場所」であること
② 緩和医療の恩恵を受け、「苦痛がない（少ない）」こと
③ 楽しみや笑いがある「穏やかな生活」を送れていること
④ 患者さん本人が「死の恐怖に怯えていない」こと
⑤ 患者さん本人が「現状に満足・納得している」こと

最期まで家で過ごしたいと考えていた人が、希望通りに自宅で穏やかに自分らしい生活を送っていたけれど、あるとき、急性心筋梗塞や重篤な脳卒中を起こして、コロリと亡くなってしまった――。自然な経過に任せた先の最期なので、まさに「平穏死」ですが、**平穏死を遂げても、その後、誰にも気づかれないまま何日か放置されてしまうと、必ず警察が入って「孤独死」と呼ばれます。**

紙一重とは、そういう意味です。だから、最期まで穏やかに過ごし、しかも、後々に「孤独死」と呼ばれたくないと思ったら、それなりの準備が必要ではないでしょうか。

準備の第一歩は、「もしものときがいつか来る。明日来るかもしれない」ということを、少しは想定しておくこと。でも、いつも死ぬことばかり考えている人は、病気です。しかし、死ぬことをまったく考えずに生きていくのも、どうかと思います。

それから、人生の最期を託せる、頼りになる「かかりつけ医」を探しておくこと。

終末期の医者選びで大事なポイントは次の通りです。

・家から近いこと
・いざというときには往診をしてくれること
・痛みを取る治療（＝在宅緩和ケア）に精通していること
・さまざまな病気や心の悩みを総合的に診てくれること

たまに、通院に何時間もかかる大病院の医師を「かかりつけ医」だとしている患者さんがおられます。でも、自分が通院できなくなったときに、往診をお願いできるのか？　いざというときに死亡診断書を書いてくれるのか？　２００床以上の大病院には無理でしょう。ただし、２００床未満の在宅療養支援病院の医師にはそれが可能です。

最期を託すのはどこかの医師。ならば、ぜひ身近な「在宅医療もするかかりつけ医」を見つけておいてください。人生の最期を見届けてもらうのですから、「この医師なら」という視点で選びたいものです。元気がなくなってから選ぶよりも、元気なうちから探しておくことをおすすめします。そして、週刊朝日のムック本『さいごまで自宅で診てくれるいいお医者さん2017年度版』をぜひ、一家に一冊備えておいてください。私が全面的に監修した本で、必ず役に立ちます。

まとめ

・孤独死は、案外、身近にあるもの
・突然死から孤独死に至りやすい
・最期に警察のお世話にならないためには、死亡診断書を書いてくれる「在宅医療もしてくれるかかりつけ医」を選び、日ごろから懇意にしておく
・週刊朝日のムック『さいごまで自宅で診てくれるいいお医者さん2017年度版』を一家に一冊備えておく
・親しい人や近所の人に「もし自分に何かあったら在宅医に電話をして」と頼んでおく

column

有名人から学ぶ孤独死①
俳優・阿藤快さんの場合

「孤独死」という言葉が頻繁に言われるようになりました。死後の片付け費用を補償する孤独死（孤立死）保険もあるそうですね。孤独死に医学的定義はありません。私は〝誰にも看取られなかった死〟と定義してお話しします。東京都監察医務院の統計によれば、誰にも看取られなかった死として警察に届けられたケースは、7割が男性ということです。

男性の孤独死と言えば、個性派俳優として知られた阿藤快《あとうかい》さんの死が思い出されます。2015年11月14日没、69歳でした。

阿藤さんは既婚者でした。しかし家族と住む家とは別に個人で使うマンションを持っていて、そこで亡くなったのです。半分仕事場として隠れ家を持つことは男の夢でもあり、阿藤さんのような生活を送っている男性は意外に多いのではと想像します。

阿藤さんは11月14日が誕生日でした。この日にお祝いメールを送ったものの、返信がなかったことを不審に思った事務所関係者が、ご家族に連絡。一緒にマンションの鍵を開けて入ったところ、ベッドで冷たくなっている阿藤さんを発見しました。

死後2日が経過していたということですから、69歳の誕生日に亡くなったのです。死因は大動脈破裂による胸腔内出血。数日前には「背中が痛い」と言っていたそうなので、多少の自覚症状はあったようですが、暴れたり、苦しんだりした様子はなかったといいます。大動脈破裂は〈サイレントキラー〉と呼ばれるほど、自覚症状がなく進みます。緊急手術による救命率は10〜20%程度です。阿藤さんも死の直前までゴルフを楽しみ、仕事をこなしていました。

孤独死は、そのほとんどが血管などの病気からくる突然死。医療のお世話にならずに死ねたということはつまり、多くの日本人が憧れる「ピンピンコロリ」なのです。それなのに、昨今メディアが孤独死の恐怖を煽り過ぎている気がします。大切なのは頻繁にメールや電話ができる相手を3人以上持つことでしょうか。そうすれば、数日内に誰かが見つけてくれます。

生まれるときも死ぬときも、人は皆、ひとり。必要以上に怖がることはありませんが、少しは考えておきたいものですね。

第2章

既婚者の孤独

——妻に怯える男たち

まっすぐ帰れない男——帰宅恐怖症は孤独死予備軍？

孤独死と聞くと、「独身者の話」と思う人は多いでしょう。伴侶のいる人、特に男性は「男のほうが短命なんだから、先に旅立つだろうし、看取ってもらえる」と安心しているかもしれませんが、現実はそうとも限りません。

前章でも、**家庭内孤独死**があるとお話しました。さらに言えば、たとえ今、独り身ではなくても、将来はわかりません。どんなに仲の良い夫婦でも、亡くなるときには別々です。

一方で、熟年離婚も今や珍しくありません。ちなみに、熟年離婚とは年齢の問題ではなく、婚姻関係を20年以上続けてから離婚する夫婦のことを指します。定年を迎えた夫がずっと家にいるようになって、それまでに蓄積されていた不満が一気に爆発し、妻から夫に別れを切り出す、というパターンが熟年離婚では一番多いそうです。

２００８年からは、離婚後の年金分割に夫の合意は不要となりました。こうしたことも影響しているのか、最近は、70歳以上の離婚件数が増えているのです。ともに白髪が生え

夫のどんなところにイラつきますか？— 50代の主婦の回答

- 一日中家でゴロゴロしている
- 自分でできる些細なことをしない
- 妻や子より実の親を信じて庇う
- 妻が忙しくても見て見ぬフリをする
- 使ったものを元の場所に戻さない
- トイレを汚す
- 話しかけても返事がなく、会話がほとんどない
- 脱いだものをそのままにする
- 干渉しすぎる
- 買い物に行くと急かされる
- 会話の理解が遅い
- いつも臭い

るまで一緒にいても、ともに白髪が生えてから、ある日突然、「別れましょう」と離婚届を突きつけられるのです。

最近では、「離活《りかつ》」という言葉もあります。「離婚活動」のことです。ちなみに、「離婚カウンセラー」という肩書きの人もいるそうですね。既婚者だろうと、うかうかしてはいられません。

そのほか、戸籍上の配偶者はいるけれど、別居中で、事実上は独り身という人にもたまに遭遇します。家庭内別居ではなく、家庭外別居です。

以前、私の患者さんでがんになった女性が、「長尾先生、私は病院で死ぬのは嫌なんです。だけど、家で旦那にだけは死ぬところを見せたくない」と言って、

ウィークリーマンションを終の棲家に選んだ女性もおられました。私たちはそこに往診し、そこで彼女の女友達と看取ったのです。

いずれにしても、今独り身ではなくても、何らかの形で独り身になる可能性は誰にでもあるということです。この章では、既婚男性にとっても孤独死は決して縁遠い話ではない、ということをお伝えします。

妻が怖くて家に帰りたくない――。

そんな「帰宅恐怖症」の男性が増えています。

会社で無理難題を押しつけられ、上司と部下の板挟みにあい、年齢を経るごとに責任ばかりが増えていき、ストレスを山ほど抱えて家に帰れば、今度は、妻から文句を言われ、怒鳴られ……。挙句の果てには、「稼ぎが少ない」と溜息をつかれ……。

少し前には、夫の言動がストレスになって妻の心身に不調が起きる**「夫源病《ふげんびょう》」**が話題になりましたが、最近では逆。妻の言動がストレスで夫に不調が起きる**「妻源病《さいげんびょう》」**が増えているそうです。

妻の顔色をうかがってびくびくして生活しているうちに、玄関のドアを開けるのが憂鬱になった、なんて話もたびたび耳にします。最近では、まっすぐ家に帰れず、夜の街をふらふらとさまようサラリーマンを**「フラリーマン」**と呼ぶそうです。

あるいは、「家の中のルールはすべて妻が決めていて、子どもたちも妻の味方。家の中に自分の居場所はない」「家に帰っても会話はなく、息苦しい」とか。

患者さんの中にも「妻が怖くて家に帰りたくない」とおっしゃる男性が少なからずいます。「じゃあ、いつもどうしてるん？」と聞くと、大抵、「仕事が終わったら、居酒屋で毎日だらだらと飲んでいる」と言います。奥さんが寝る時間を見計らってから家に帰るようにしている人もいるようです。

熟年男性でこんな生活が続けば、早晩身体を悪くするのは目に見えています。

暴飲暴食や、生活習慣が乱れがちになることで、高血圧、糖尿病、不整脈、それから脳卒中や心筋梗塞、大動脈解離などのリスクがさらに上がります。つまりは突然死のリスクも上がる。**「帰宅恐怖症」の人は、熟年離婚、突然死、そして孤独死の予備軍なのです。**

さて、次に挙げるのは、**〈夫を帰宅拒否症にさせる妻の特徴〉**。

もしもこの本を読んでいるあなたが主婦ならば、ぜひ一度チェックしてみてください。

夫を孤独死させないために……。

——こんな妻が、夫を帰宅恐怖症にさせている!

1 夫を支配、管理したがっていませんか?

「どこに行ってたの?」「今の電話、誰?」「いつまで寝ているの?」「なぜそんなにだらしないの?」「携帯を見せて」「どこか連れて行って」……これらの台詞が夫のストレスの源です。

2 夫に負けたくないと思っていませんか?

ささいなことですぐにケンカ腰になり、私の主張が正しいとねじ伏せようとします。高学歴の妻にありがちなパターンです。

3 すぐに被害者ぶってはいませんか?

「もう私のことなんて愛していないんでしょう?」「私の身体に魅力を感じないんでしょう?」「もっと大切にしてくれないと、浮気してやる」「かまってくれないなら、お金ちょうだい」……被害者のふりをして、夫を脅迫してはいませんか?

4　すぐによその家庭と比べてはいませんか？

「○○さんのお宅は、来月ハワイに行くらしい」「お友達の▲▲ちゃんのおうちがベンツを買い替えた」「□□さんの夫は東大出ているのに……」……だからなんだよ！　と言いたくなることばかりを愚痴っていませんか？

5　夫より実家が大切だと思っていませんか？

家族を大切にすることはいいことですが、実の親と夫の親に対して、あまりにも差をつけてはいませんか？　夫の実家に帰ると途端に不機嫌になるくせに、暇さえあれば実母と旅行や買い物。挙句の果てには、「私はあなたとではなく、実家のお墓に入りたい」と言い出す始末……。

もし、あなたの妻が全部当てはまったら、あなたは孤独死予備軍かもしれません。

〈耳かきリフレ〉のススメ？

帰宅恐怖症だからといって、毎日毎日、外で酒ばかり呑んでいるのはよくありません。適度に呑むのはいいですが、**アルコールの摂り過ぎは、孤独死リスクを高めるだけ**です。ときどきは、趣向を変えてみるのもいいでしょう。

妻が怖くて帰宅拒否症の男性が、ときどき〈耳かきリフレ〉に行き、ストレス解消をしているという話を聞きました。なるほどなあ、と思ったので紹介します。

「え、先生、いきなり何言うとん？」と女性読者にツッコまれそうですが、これは風俗ではありません。

〈耳かきリフレ〉のリフレとは、リフレクソロジー（reflexology）の略で、疲労の改善をはかる反射療法とも呼ばれるものです。女性のスタッフに膝枕をしてもらって（なぜか浴衣姿の女性が多いです）、耳かきをしてもらうというだけのサービス。

耳かきなんて自分ですればいいのに、わざわざお店に行って、30分数千円というお金を支払ってお願いする男性がいるそうです。調べてみると、耳かきと肩もみがセットになっていることが多いようです。

なぜ、こうしたお店が流行るのか。

それは、特に今、疲れた中高年の男性が求めているのは、性欲を解消する場ではなく、ストレスを解消してくれる癒しの場だからではないでしょうか。

でも中高年なら、ときにはこれくらいの冒険をしてもいいのではと思います。いや、もはや女性に近寄るのも面倒だ、もうまったく興味がなくなった……と思うのなら、あなたの男性ホルモン、テストステロン値が相当下がっています。この男性ホルモンに関しては後ほど詳しくお話しします。

妻がひた隠す「だんなデスノート」の衝撃

少し前に『**夫に死んでほしい妻たち**』（小林美希／朝日新書）という本が話題になりました。世の夫にとっては目を疑う、とんでもないタイトルですが、「わかる！」「私もそうだ」と、多くの女性たちから共感を得たようです。

さらに、**「だんなデスノート」**というサイトが流行しているかと思っていたら、ついにはこちらも本となり、売れ行き好調だそうです。「デスノート」とは、漫画『DEATH NOTE』に登場する、そのノートに名前を書かれた人間が死ぬ、というノートのこと。「だんなデスノート」は、その旦那版です。このサイトには、一日70～80万のアクセスがあるとか。70～80万人の、夫に死んでほしいと願っている妻たちが、日ごろの恨み辛みを書き綴ったり、他人の書き込みを読んで、**「私だけじゃないんだ！」**と安心したりするためのサイトです。我々男性にとってこれほど物騒な話があるでしょうか。

〈わたしの人生最大の喜びはアイツの無様な屍を前に大笑いしながら家族とハイタッチをすることです〉

〈いつになったら死んでくれますか？〉

〈どうしたら死ぬの？　毎日毎日祈っているのに〉

〈地味に死んで〉

……ぞっとするような言葉が並んでいます。**「やっと旦那が死んでくれました」**という書き込みには、**「うらやましい」**というコメントが殺到していました。夫の死を待っている妻が、こんなにも多いのかと愕然とします。


結婚した当初はそうではなかったはずです。でなければ、結婚には至りません。いつの日からか、愛なんてすっかり冷めて、妻にとって夫は〝ただ給料を持ち帰るオッサン〟になってしまったのでしょう。「だったら、すぐに離婚すればいいのに」と思いますが、そんな妻が夫と別れない理由は、やっぱりお金でしょうか。受取人が自分になっている多額の生命保険に入っていて、合法的にお金が手に入る日を待ちわび、夫の死をただひたすら祈っているのかもしれません。

いいえ、ただ待ちわびて祈っているだけではないかもしれません。ほとんどの家庭で、食事を作っているのは妻のほうです。夫の栄養管理は、妻の手中にあります。台所を牛耳っている妻は、夫を殺そうと思えばなんでもできるのです。

夫の分だけ、少しずつ少しずつ塩分、糖分、油分を濃くしている人もいるそうです。毎日の味噌汁を、自分と子どもの分は普通に作り、旦那の分だけ塩分を濃くしていく、とか。少しずつ増やされると、その味に慣れてしまうため、しょっぱいとは気づきにくいのです。まさに、〃ユデガエル〃のようなものですね。急に熱いお湯に入れるとびっくりして飛び出るけれど、少しずつ熱すると気づかず、気づいたときにはすっかり茹で上がっている……。昔から「男を落とすには胃袋をつかめ」なんて言われますが、胃袋をつかまれた男性は、いつのまにか健康、命までつかまれているのかもしれません。料理上手な妻ほど、簡単なことなのです。

もしかしたら……と思ったら、次のことに心あたりがないかどうか、確認しましょう。

*家族とは違うメニューを出されることがときどきある。
*帰宅すると、私、もう食べちゃったからと、自分の分だけ食事が置いてある。
*朝食のパンに、たっぷりとバター（マーガリンだとなお悪い）を塗ってくれる。
*野菜料理が少なくなった。もしくはサラダにマヨネーズがたっぷりかかっている。

＊肉料理の日は、やたらと脂身が多い気がする。
＊煮物が甘くなった気がする。
＊糖質制限ダイエットをすると言ったら、怒り出した。
＊外の定食屋で味わう味噌汁が、最近薄味に感じる。
＊昔よりも、酒をすすめてくるようになった。
＊食べる量は変わっていないのに、ここ数年、急に太った。
＊妻が健康診断の結果をやたら気にしてくる。

ヒ素などの毒物を食事に混入させて殺害すれば犯罪です。でも、日々の食事にたっぷりの塩分、糖分、油分を入れて、相手が高血圧や糖尿病、あるいは脳卒中、心筋梗塞などになったとしても、もちろん罪には問われないでしょう。妻が夫を緩やかに殺すのは、案外、簡単なことなのかもしれません。

『夫に死んでほしい妻たち』や『だんなデスノート』が大きな共感を呼ぶということは、心の中では夫の死を待っている妻がいかに多いかを物語っています。なぜこんなことになってしまったのか？　**独身も地獄、結婚も地獄、**という中高年男性が増えています。

飼殺された夫は介護されない!?

年を取って介護が必要になったとき、誰に介護をしてもらいたいか——。ある調査では、男性の半数が「妻にお願いしたい」と考えているとの結果でした。

実際、介護の現状に関する調査結果を見ると、男性の場合、「配偶者が介護している」ケースが多いです。

では、先にお話したように、塩分、糖分、油分たっぷりの食事を知らず知らずのうちに食べさせられているような夫が、もしも、本当に脳卒中や心筋梗塞で倒れ、後遺症が残って介護が必要になったとしたら、妻はどうするのでしょうか。

あなたはちゃんと、妻に介護してもらえる自信がありますか?

在宅医療を行っていると、いろいろなご家庭にお邪魔するわけですが、「早く死んでほしい」と言いながら旦那さんの介護をしている奥さんもおられます。

「先生があと半年くらいかなと言うたから、それなら介護してやってもええかなと思ったのに、うちの夫、もう1年も生きとるやん。話がちゃうで。どうしてくれるの！」と責められることさえあるのです。ただ、そう言う人がひどい奥さんかというと、必ずしもそうとは限りません。ここは尼崎。冗談でストレス発散。そこにはいろいろな意味合いがあるし、そう言いながらも深い深い愛情を感じることもあります。

しかし介護というのは、新聞やテレビでは美談に包まれて語られがちですが、「介護疲れ」「介護地獄」という言葉に象徴されるように、一人で抱え込んで、苦しんでいる人もいます。その中で、**「まだまだ生きていてほしい」**と願いつつも、**「もう死んでほしい」**と、ときに心が揺らぐのは仕方のないことでしょう。私に愚痴ることで、ストレスを解消している場合もあります。そう、町医者は奥さんのアンビバレンツな言葉にも寄り添います。

ただ、「介護が苦しいから」というわけではなく、むしろ、それまでの積もり積もった不満から「早く死んでほしい」という言葉が出ているように感じられる人もいるのです。見ていて、「この人、ほんまに殺さへんかな？」という心配がふと過《よぎ》ることもあり、私のほうから、「なあ、そろそろお父ちゃん、入院させたほうがええんちゃうかな」と言い出すことも、稀にあります。夫婦関係によっては、在宅介護はやめたほうがいいケースはいくらでもあるのです。

夫婦の形がそれぞれであれば、介護の形もそれぞれでいいと思っています。

男も最低これだけは覚えよう！…孤独死しない食べ方とは？

すみません、心が暗くなるような話を綴ってきました。私は、この本では、美談を書くことはやめようと心に決めたのです。現実を語ることも、在宅医の役割であると思っている今日この頃です。

さすがに、本気で旦那に死んでほしいと思って毎日の食事を作っている人は、ごく一部でしょう（そうであってほしいものです）。

でも、確実にいます。診察室でなんとなく「あれ？」と感じることもあれば、飲み屋やゴルフ場で話を聞いているうちに、「大丈夫かな」と思うこともあります。

健康を害するほど、夫婦関係が悪化してはいなくても、「妻と会話がない」「二人きりになるのが怖い」「食事の時間が気まずい」などという声はしばしば耳にします。特に、子どもがいる家庭で、子どもが進学や結婚で家を出て、そして定年を迎え、久しぶりに二人きりの生活に戻ると、何を話していいかさっぱりわからず、間が持てなくなることは多いもの。そのうちに妻がどんどん不機嫌になっていき、離婚を切り出されるということもあります。

いずれにしても、結婚していようが、していまいが、自分の健康を末永く守るには、男も自炊をできるようになったほうがいいでしょう。

最近は、定年後の男性に向けた料理教室も多くあるようです。今までお湯を沸かしたことしかなかった男性が、料理の楽しさを覚えて、新しい趣味とするのは身体にとってだけでなく、脳にとっても大変いいことです。認知症予防に料理は最適です。段取りを覚え、同時にいくつかの作業をし、指先を動かし、味覚を研ぎ澄ませる、買いものに行くために、スーパーまで歩く、レジでお金を払い、おつりを確認……料理をするということは、一石十鳥くらいの効果があります。

「男子厨房に入らず」の時代ではもはやないのです。あるいは、昔と違って、最近はスーパーやコンビニの総菜が充実しています。それに、牛丼チェーン店でも、ロカボ（低糖質）メニューを提供しています。夫婦仲に暗雲が立ち込めたら、コンビニや外食チェーン店に頼ったほうが、元気で長生きできるかもしれません。問題は、何を選ぶかです。以下は、既婚の方も未婚の方も、孤独死しないための食事術として、心得ておいてください。

孤独死しない食べ方　8ヵ条

1　コンビニでカップラーメンやおにぎりを買うのなら、かならずサラダや酢の物、カップのもずく酢やめかぶなどを一緒に買って、先に食べましょう。一緒におやつを買う癖がある人は、ポテトチップよりお煎餅を、チョコレートより果物を選んでください。

2　一日に、最低、手のひら一枚分の肉か魚を食べましょう。しかし、唐揚げやてんぷらなど、毎日揚げ物を食べるのはダメ。シンプルな塩焼きやソテーなどで。

3　台所に立つのが億劫でなければ、無洗米でごはんを炊き、出汁入り味噌で、味噌汁を作ってみましょう。意外に簡単かもしれません。そこにキムチや納豆をつけて、一日一回、発酵食を。卵かけごはんもいいですね。

4　中華定食屋に入ったのなら、ラーメンやチャーハンなどの単品メニューではなく、野菜炒め定食や、レバニラ定食などを選びましょう。立ち食い蕎麦もいいですが、毎回、てんぷらやコロッケを載せるのはご法度。山かけや、わかめなどのトッピングを。

5　牛丼屋に入ったのなら、牛丼単品ではなく、味噌汁やサラダも注文してください。牛鯖定食など、ときには魚のメニューも注文してみましょう。

6　食事をせずに酒だけ呑むのはよくありません。かわきものしかないバーやパブで呑むのではなく、家庭的な料理を出してくれる居酒屋やスナックで呑みましょう。冷ややっこやきんぴら、ひじき煮、枝豆など、できるだけ安くて地味なつまみを頼んでください。ナッツもおすすめです。

7　テレビ番組で、コレがいい！　と言っていたからといって、そればかり食べるのはよくありません。どんなに体にいいものでも、バッカリ食べは、身体を悪くします。

8　50歳を過ぎたら、ラーメンやうどんの汁は全部飲まないこと。フライのソースのつけ過ぎや、刺身の醤油のつけ過ぎも注意。七味唐辛子や胡椒、ワサビ、辛子など香辛料を使うことで、減塩しても満足感を得られます。

column

有名人から学ぶ孤独死②
アイドル・川越美和さんの場合

他人事とは思えない！　かつての人気アイドル孤独死のニュースに、私の周囲にいる妙齢の女性たちは異口同音に不安げな顔をしました。正統派美少女アイドルとして、１９９０年代に活躍した川越美和《かわごえみわ》さんが、９年前に孤独死をしていたと週刊誌が報道したのです。享年35。亡くなる数年前から、精神的バランスを壊し酒浸りの生活を送っていたとも報道されています。一度はアルコール依存症治療も行っていたそうですが、お酒をやめることができませんでした。重ねて、抗うつ薬も飲んでいたとのこと。亡くなる1年前には、コンビニのポリ袋ほどの大きさ2袋もの薬を手に、メンタルクリニックから出てきた彼女が目撃されています。10種類以上も薬を飲んでいたという話もあります。

川越さんに手を差し伸べようとした人は何人もいたようですが、酒と薬の依存から抜け出すことができなかった結果、東京都内のアパートで変わり果てた姿で発見されました。死因はあきらかにされていませんが、状況から察すると、**「緩**

しれません。

やかな自殺」もしくは「セルフ・ネグレクト（自己放任）」と言ってもいいのかも

こうした報道を耳にすると、今の精神科医療の在り方に疑問を持たざるを得ません。多剤投与の先にセルフ・ネグレクト、自殺という悲劇が起きても、薬を処方した医師はなんら責任を負わないからです。外来に来なくなったら、それで終わり……。同じ医療者として腹立たしい。私のクリニックにも年に何度か警察から電話が入り、孤独死の現場に立ち会います。ときには、ペットの犬や猫も一緒に死んでいることもありますが、いまだその状況に慣れることはありません。

虐待事件でも同じことが言えますが、壁1枚で隔たれた向こうで起きていることに、我々はあまりにも無関心ではないでしょうか。今、菅野久美子氏という若いノンフィクション作家が書いた『孤独死大国』という本が話題になっています。この本によれば、**孤独死の8割がセルフ・ネグレクト状態である**というデータもあるそうです。食事を拒否したり、自身の健康状態に関心を持たなかったりして、いつしか寝たきりとなり、声を上げぬまま衰弱死する。

こうしたケースは介護保険制度が適用される高齢者より、むしろ若い人に多いとのこと。菅野氏の予測によれば、我が国の23〜79歳のうち、実に1000万人が孤独死予備軍であるというのです。「孤独死大国」とはつまり、「絶望大国」とニアリーイコールであると私は思います。未婚率や貧困率だけをみても何も解決できません。

弱い者に冷たい政府のフラクタル（相似形）で、冷たい人間関係ができあがる。だからこそ、あなたの電話1本で、救える命があることを忘れないでほしいのです。

第3章

男はそもそもできそこない!?

男と女の騙し合い

ヒトでも他の動物と同じようにメスとオスは騙し騙されの関係にある。（中略）女は子どもを産んだ後でも母子の面倒を見てくれる男を選ぼうとし、男はセックスして子どもが産まれたら、さっさと逃げようとする。しかし、はじめからあからさまにそのような態度を取ると、女に選ばれない可能性が高いので、誠実なフリをするという技術が発達することになる。逆に女は男のウソをいかに見破るかといったテクニックが必要となる。ヒトの言語は、男と女の騙し合いの結果、発達したという説もあるくらいなのだ。

一番興味深いのは、女の人の発情期がわからなくなったことだろう。（中略）発情期以外にはオスが見向きもしないようでは、しかし、オスに食物を獲ってもらうことが多いメスとしてはちょっと困ることになる。

そこでヒトのメス、すなわち女性はいつの頃からか、発情期がわからないようにふるまうようになったのだ。いつ、セックスすれば子どもができるかわからなくなったので、男はいつでも女に興味を示さなければいけなくなったというわけだ。

しかし、女が自分の発情期をわかっているようでは、そのうち男に真実をさとられてしまうかもしれない。最もバレないウソは自分をも騙してしまうウソであろう。かくして、女性の発情期は女性自身にもよくわからなくなったのである。やっぱり女は男よりしたたかなのであろう。

池田清彦著『オスは生きてるムダなのか』（角川選書）より抜粋

女は実体だが、男は現象である

男性は、女性よりも短命である。これはみなさん知ってのとおりです。どうしてなのか。その直接的な要因かどうかはわかりませんが、男性と女性を分ける染色体を見ても、女性のほうが優秀で、男性のほうが〝できそこない〟なのです。

人間の細胞には23対（46本）の染色体があります。そのうちの1対（2本）が性染色体と呼ばれるもので、その組み合わせによって「男か女か」が決まります。

女性は、「XX」。男性は、「XY」。女性の性染色体はX染色体が揃っている一方、男性はX染色体とY染色体で不揃いなのです。しかも、**Y染色体はX染色体よりも短く、最近の研究によると、年々短くなっている**そうです。

このままの勢いで短くなれば、百年後くらいにはほとんどゼロになるんじゃないか、とまで言われています。昨今、単為生殖（メスだけで繁殖できるということ）している生き物が次々と発見されています。そういえば、聖母マリアの出産も、精子は不在でしたね……。

「草食系男子が増えている」という話を耳にするたびに、私は、男子の象徴であるY染色体が年々短くなっていることを思い出します。

今、**日本人女性の平均寿命は87歳です。一方、男性は80歳。寿命に7歳の性差があります**（左図参照）。ほんの少しと思うでしょうか？　いえ、この「7歳」というのは、かなり大きな数字です。7/80と考えると、およそ9%。

消費税が8%から10%に上がることにはあんなに大騒ぎしているのに、男性は生まれながらにして、消費税以上のハンディキャップを背負っているのです。ずいぶん不公平だと思いませんか？　それなのに、あまり問題にはなっていません（笑）。

「男女平等社会」と言うとき、「女性も男性と同じように活躍できる、差別のない社会を」という意味で使われがちですが、実は、男性のほうが虚弱で早死にしやすい。哀れな生き物なのです。

ただ、政治の世界に目を向ければほとんどが男性で、大企業のトップも多くは男性です。医者も男性が多くて、医学部の教授も男性が多い（医学部の入試を試験の点数のみで評価すると、女性ばかりになってしまうそうです。入試では女性のほうが優秀なのです）。

そうした我が国の現状に対し女性が「不平等だ！」と言う気持ちはよくわかります。でも、短いY染色体を持って生まれたために、短命に終わるという不平等の埋め合わせ、だ

平均寿命推移（1947～2016年、日本）

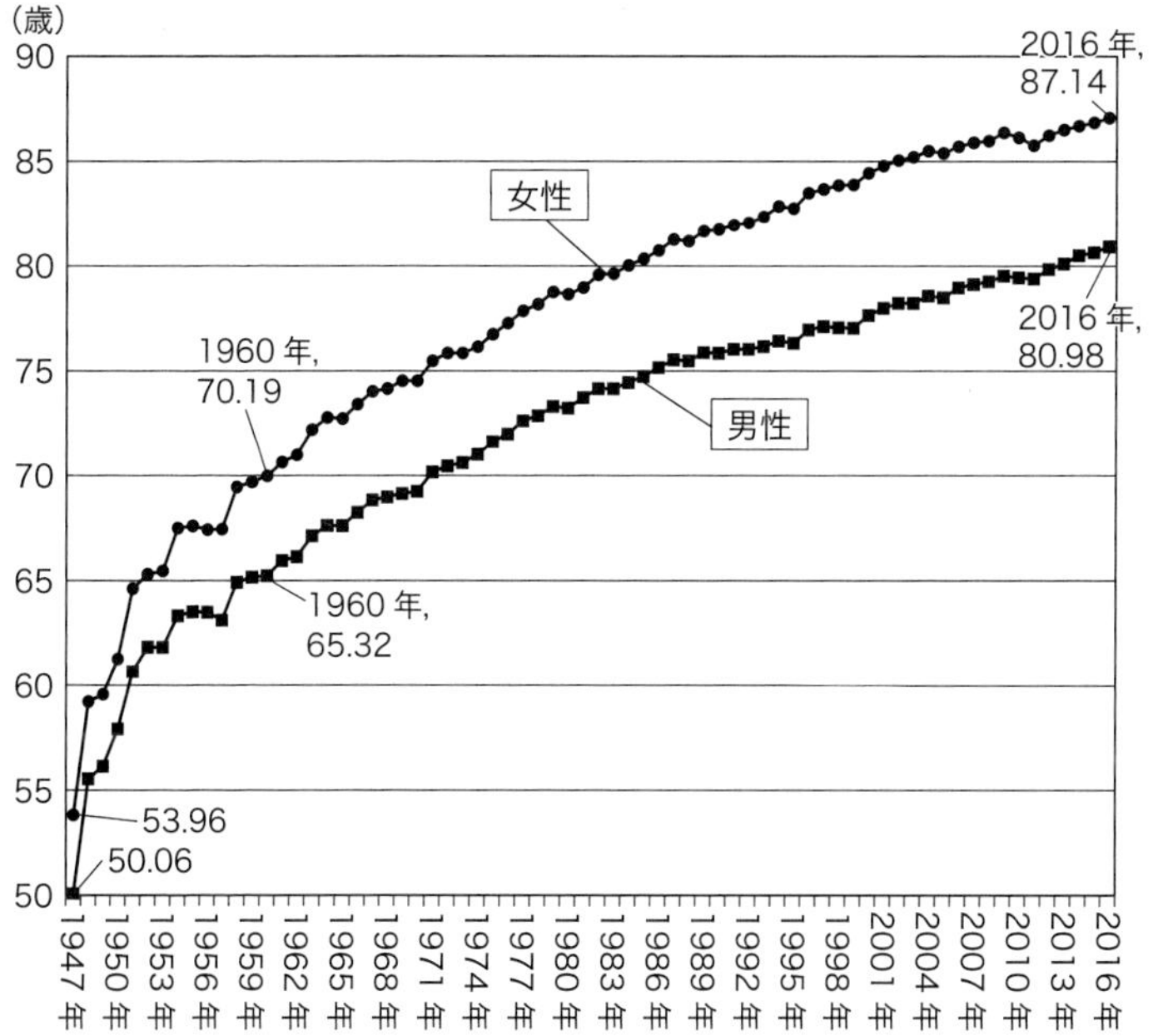

と思いときどきは目をつむってください。オスは実に儚い動物なのです。

ＷＨＯ（世界保健機関）が発表した２０１５年のデータによれば、加盟国１９４ヵ国のうち、男性のほうが長生きなのはトンガ王国だけなのです（男性74歳、女性70歳）。

私は在宅医として、いくつかの高齢者施設も往診していますが、どこもたいてい、７対３や８対２の割合で女性の利用者が多い。ばあちゃんたちがワイワイとお喋りに花を咲かせているリビングルームの端っこで、少数派のじいちゃんは、申し訳なさそうにちっちゃく座って、静かに時代劇ドラマを見ています。そういう光景を見ると、元気な頃にちょっとくらい男性が威張っていても大目に見てあげてほしい、どうせ先に死んじゃうのだから……と呟いている自分がいます。

さて、この項の小題とした、「女は実体だが、男は現象である」というのは、かの有名な免疫学者、故・多田富雄《ただとみお》氏の言葉です。彼の本から少し引用しましょう。

〈男という性は、回りくどい筋道をたどってようやく実現している一つの状態に過ぎない。人体が発生してゆく途上で、何事もなければ、人間はすべて女になってしまう。人間の自然体は、女で、男は女を加工することによってようやくのことに作り出された作品である。（中略）男の中には、必ず、原形としての女が残っているので、女を排除することはできない〉（『生命の意味論』、１９９７年／新潮社）。

現象としてしか生きられないからこそ、ひっそりと孤独に死んでいくように男は運命づけられているのかもしれません。

日野原先生を目指すのはやめよ！男は老衰では死ねない⁉

男性は生まれながらにして不平等と聞いても、「しかし、日野原先生のように長生きする男性もいるやないか！」と、思う人もいるかもしれません。

聖路加国際病院の名誉院長だった日野原重明先生です。私にとっては医学の奥深さを教え続けてくれた永遠の師であり、憧れの人です。そんな日野原先生が２０１７年７月に、１０５年と９ヵ月の人生を閉じ、天に召されました。

今、**「百寿者」と呼ばれる１００歳以上の人は、全国に６万８千人**います。なんと、ここ半世紀、年々増えています。「人生１００年時代」とも言われるほど、１００年生きることは決して珍しくなくなってきましたが、百寿者の９割は女性です。男性は１割しかいません。つまり、男性にとって百寿はまだまだ狭き門。しかも、日野原先生のように１０５歳まで生きる男性となると、全国に２５０人くらい。平成22年の国勢調査では、１０５

歳以上の人は2564人で、そのうち女性が2311人、男性はたったの253人でした。**例外中の例外のお一人が、日野原先生だった**のです。

100歳を超えてもなお医師を続け、全国で講演を行い、本も出し、98歳から俳句も始め、104歳のときに詠まれた句が「私には　余生などないよ　これからぞ」。

聖路加国際病院を訪ねたとき、「もう歳だから新しいことはできない、そう思った瞬間から人間は老いる。だから長尾さんも医者としてまだまだチャレンジしてくださいよ」と、ありがたい激励の言葉をいただきました。

「日野原先生のように生きたい」と憧れる一方で、「そうは言っても、現実は難しいのでは」と思っています。やっぱり、日野原先生は例外中の例外、奇跡の生涯現役人生なのです。

実は、「生活習慣病」という言葉を作ったのも日野原先生でした。「朝食・昼食を少なくして夕食はしっかり食べる」といった食習慣をはじめ、睡眠や運動など、1日1日を大事にされた結果が、長生きにつながったのかもしれませんが、そんな日野原先生でも、死亡診断書に記された死因は老衰ではなく、呼吸不全でした（病院のお医者さんは、死亡診断書には老衰ではなく、何か病名を書かなければならないと考える人が多いのです）。

「老衰」という死因は、圧倒的に女性に多いのです。

多くの男性は、老衰に至る前にがんや心筋梗塞や脳卒中で死んでしまう。あんなに長生きされた日野原先生ですら、死因に老衰と書いてもらえなかったことは、男性が老衰とは縁遠いものであるということを象徴しているようにも感じます。

「アディポネクチン」ホルモンを男性も獲得せよ！

私はよく講演会の冒頭に会場の皆さんに、少々乱暴ですが、次のような質問をします。

「死ぬときには、がんがいいですか？　それとも認知症がいいですか？」

二者択一で手を挙げてもらうのです。

どんな講演会でも、毎回人気があるのは、がんのほう。8割が「がん」、2割が「認知症」というのが平均的な相場です。

これまでに一度だけ、認知症が人気だったことがありましたが、それは、鹿児島県鹿屋《かのや》市でのこと。鹿屋市では認知症の啓発活動をとても熱心に行っており、認知症が身近な病気として受け入れられていました。そういうところは別として、どんな場所でも、聞く対象が一般の人であれ、医療者であれ、総じて人気なのはがんであり、認知症は不人気です。ところが、そんな中でも認知症のほうにハイッと手を挙げてくれる男性がたまにいます。珍しいので、パッと目にとまるのです。

ちなみに私自身、昔は、死ぬならがんかなあと思っていましたが、50代後半になってからは認知症で死にたいなあと転向しました。**たいていの男性は認知症になる前に死んでしまうのだから、認知症になるまで生きられたということは、ある意味、めでたい**ことだと思うようになりました。

日ごろ、人のお世話をしているほうが多いので、長生きして、若くて可愛い看護師さんと介護士さんにお世話をしてもらいたい、あわよくば看取ってもらえれば……なんて思うのです。気持ちが悪いなんて思わないでください。男も女も、死ぬまで性欲はあります。逆に、性への興味がなくなれば、人は死が近いということです。

若年性認知症は別として、老化に伴う認知症になろうと思ったら、80代、90代まで生き延びなければいけません。今、90歳まで生きると、6割くらいの人が認知症を伴うと言われていますが、**多くの男性は認知症に至る前に、がんや脳卒中、心筋梗塞で死んでしまいます。**

がんは国民病と言われますが、国民の病気というよりも、男性に多い病気です。

2人に1人ががんにかかり、3人に1人はがんで死ぬ——。

よく言われることなので、みなさんも一度は耳にしたことがあるでしょう。確かにそうなのですが、よくよく統計を見てみると、男性と女性ではかなり開きがあります。年代別のがんによる死亡率は、男性は50代くらいからぐーっと上がっていくのです。

脳卒中や心筋梗塞も、同様です。

がんも、脳卒中や心筋梗塞も、生活習慣病。暴飲暴食や喫煙、肥満、運動不足、睡眠不足といった悪い生活習慣が原因で、高血圧や糖尿病、脂質異常症などを持ち、それらを悪化させた結果、がんや脳卒中、心筋梗塞といった大病に至る。そういう道筋をたどりやすいのが、男性です。

そうした生活習慣病を予防するために、「お腹まわりが85センチ以上(女性の場合は90センチ)」を一つの基準にしたメタボ健診が行われています。これは実は、男性を想定した健診なのです。


なぜ女性と男性で、これほど死因が変わってくるのか？

どうやらその鍵が、脂肪細胞にあることが最近わかってきました。脂肪細胞から分泌される**「アディポネクチン」**というホルモンです。私の出身医局、大阪大学第二内科で発見されました。このホルモンが、脂肪燃焼を促進したり、インスリンの働きを高めて2型糖尿病を予防したり、血管内の壁を修復する働きを高めて心筋梗塞や脳梗塞を予防していることが最近わかってきました。つまり、生活習慣病のリスクを下げてくれるため、メディアでは「長生きホルモン」とさえ名づけているのです。

そして、このアディポネクチンが、男性よりも脂肪細胞の多い女性のほうに、3割も多いことが最近の研究でわかってきたのです。

さらになんと、男性ホルモンの代表格であるテストステロンが、このアディポネクチンの分泌を抑制している可能性が指摘されています。つまり、男性は男らしさと引き換えに、長寿をあきらめた？……そんな学説は間違いであってほしいものです。

テストステロンとアディポネクチンの関係については、今後の研究成果が待たれるところですが、いずれにしても、男性は、生活習慣病を起因としたがん、脳卒中、心筋梗塞で死にやすい動物なのです。

せめて、歩いたり、食生活に気をつけたりして、肥満を予防し、女性よりも少ないアディポネクチンを増やす生活習慣を意識しましょう。

認知症になる妻、がんになる夫

テレビアニメ『ドラえもん』の声を26年間演じられた女優の大山のぶ代さん。俳優の砂川啓介さんとともに、おしどり夫婦としてよくテレビに出られていました。

お二人は子どもがいないこともあり、砂川啓介さんがずっとお一人で介護をされていたようで、「夫の献身愛！」としてここ数年メディアを賑わせていましたが、その砂川啓介さんが2017年7月、先に旅立たれました。

のぶ代さんがアルツハイマー型認知症と診断されたのが、2012年の秋。その翌年の2013年に砂川さんの胃がんが発覚し、手術を受けられ、その後、尿管がんも発症されたそうです。「僕はカミさんにとって、たった一人の身内。俺が頑張らなきゃいけない」といつも話していたそうなので、どれだけ心残りだったでしょうか。施設に預けた妻を日々案じながら、一人がん闘病を続け、自分の病を知らぬ妻より先に旅立つ……ある意味これも、男の孤独死だと言えるような気がします。

町医者をやっていると、砂川さん、のぶ代さんご夫婦とまったく同じような夫婦にときどき遭遇します。奥さんが認知症になって夫が介護していたら、あるとき夫のほうが、がんや心筋梗塞になって先に追い抜いてしまった——。現在の日本の夫婦の最終章の形としては、よくあるケースです。

砂川さんの場合がどうだったかはわかりませんが、介護が下手な夫が多いです。「夫に介護されるのだけは嫌」と言う女性の気持ちはよくわかります。何をもって下手と言うのか。「誰にも相談できず、一人で抱え込んでしまう」ということです。子どもや兄弟にさえも、助けてほしいと言えないのです。また、仕事が忙しくて妻と向き合えなかった夫が、今までの罪滅ぼしをするかのごとく、介入し過ぎることがあります。認知症になった妻を、まるでお人形のように扱い、途中で燃え尽きて投げ出してしまうのです。

我が国では、孤独死するのが男性7割、女性3割と先ほどからお話ししていますが、実は、**介護殺人や無理心中を起こすのも、7割が男性**であるというデータが出ています。

自分の健康管理や生活能力に自信のない男性は、間違っても妻を一人だけで介護しようなどと思わないことです。孤独死はその人の生き方の延長であることも多く、否定するつもりはありませんが、介護虐待、介護殺人は犯罪。妻と離れて暮らすほうが、お互い幸せに老後を暮らせる場合もあるということを、覚えておいてください。

妻より先に逝くのが一番の孤独回避!?

配偶者を亡くすと、どなたもひどく悲しんで落ち込みます。ずっと独り身で人生を歩んできた人に比べて、孤独でいることに慣れていないため、何十年も寄り添っていた人を亡くすと、相当に精神的にガクッとくるものです。在宅医として、夫が先に亡くなるパターン、妻が先に亡くなるパターン、どちらもたくさん見てきました。どちらの場合も、残されたほうは落ち込みます。

ただ、**それから1年も経つと、男女で差が出てきます。**

奥さんに先立たれた男性は、見ていて本当に哀れです。なんとも言えない哀愁が漂っているようです。一人になった寂しさに加えて、栄養面や衛生面も一気に悪くなり、老け込んでいくように見えます。さほど仲がよくなかった夫婦であっても、同じです。

一方、夫に先立たれた女性は、1、2年も経つと、元気になり、結婚していた頃よりも、不思議なほどに若返ることが多いです。夫の抑圧からの解放感でいきいきとするわけです。

最近では姉さん女房も増えていますが、もうすぐ定年を迎えるような年代の夫婦の場合、夫が妻より3歳くらい年上という組み合わせが多いでしょう。ということは、男性は、3歳年下の女性と結婚して、7年早くこの世を旅立ってしまうわけですから、**女性の平均未亡人期間は10年ほどある**のです。

それまで家事全般に加えて、夫の世話もしてきた奥さんとしては、伴侶がいなくなって寂しくなる半面、夫の世話から解放され、自由な時間を手に入れて、ストレスが消えるのかもしれません。最初は「寂しい」と泣いていた人も、1年も経つ頃にはすっかり元気になって、まず化粧や服装が少しずつ変わってきれいになります。「おばあちゃん」からすっかり「女性」に戻り、第二、第三の人生を始める人を見ると、大岡越前守のお母さんのことをつい思い出してしまいます。

大岡越前守が、不貞を働いた女性をどう裁けばいいのか悩んで、母親に「女はいつまで性欲があるのか？」と尋ねたところ、母親は黙って火鉢の灰をかき回しました。そう、「灰になるまで」と伝えたのです。人生の伴侶に先立たれたとき、どんどん萎れていくのが男性。萎れかけていた花がもう一度咲くのが女性です。

どんなに愛し合っている男女でも、セックスで一緒に「イク」ことも、老後に一緒に枯れて一緒にあの世に「逝く」ことも、しょせんはおとぎ話なのでしょう。セックスでは男性が女性を先にイカせることが、あの世には女性が男性を先に逝かせることが、正しい男女の作法のようです。

そんなことを言っても、近松門左衛門の心中物のように、一緒に逝く物語だってあるではないか、と今思った人。『曽根崎心中』は、この世で結ばれなかったからこそ、一緒に死のうとしたわけですが、あれだって、厳密には同時に死ねたわけではない。近松物の場合は、たいていが男が女を逝かせてから死んでいます。

そういえば、私が副理事を務める**日本尊厳死協会も、現在約12万人の会員がいますが、会員の男女比は、ちょうど1対2です**。かたや、日本尊厳死協会の役員はというと、男性ばかりだから不思議です。代表理事も副理事長も、全員男性。11人いる理事の中に、女性は2人だけです。歴代理事長も、みんな男性でした。

おそらく、女性のほうが終末期の問題に対する関心が高いのでしょう。先に述べたように、終活セミナーが女性だらけなのと同じことです。日本尊厳死協会に入っている男性会員の多くは、妻から夫婦会員になっておこうと勧められて、言われるがままに会員になっている人も多いかと思います。独身男性で会員になっている人は貴重な存在です。

そんななか、超大物独身男性が、日本尊厳死協会の会員であることをお伝えしておきましょう。小泉純一郎元首相です。小泉さんは10年来の日本尊厳死協会の会員です。201

6年秋に、小泉さんと死について対談をしました。そのときに彼は、こんなことを話していました。

「私は動物のドキュメンタリーが好きで、ライオンの生態を長年追った記録映像が強く印象に残っている。雌や子の群れを引き連れた雄のボスライオンもだんだん年取って老いてくると、放浪の若い雄との闘いに敗れて群れを乗っ取られる。深手を負ったボスは餌も取れないから、群れを離れたところでじーっとして、眼から鼻から寄生虫にたかられながら払おうともせず、死んでいく。

絶食状態では痛みを感じないんじゃないかね。ああいう動物を見ていると、自分で餌を取れなくなったら自然に死んでいくんだよ。大自然の摂理だ」

そして小泉さんも、「最期はライオンのように死んでいきたい」と言われました。だから日本尊厳死協会に入ったのだと。男性でいながら、これだけ自分の最期についてしっかりとしたイメージを抱いている小泉さんはやはりタダ者ではないと感じました。その表情は気高いライオンのように見えたのです。

小泉さんに言われてみて改めて思ったのですが、野生動物は、当たり前のように一人でひっそりと死んでいくわけです。「孤独死が怖い、恐ろしい」なんて言っているのは、人間の雄だけなのかもしれません。

「性」から「静」へ興味が変わってきたら要注意

週刊誌は、シニア向けに性を煽《あお》るような特集をたびたび組んでいますが、煽ったところで、よし、俺も頑張るぞ！　と実行に移せる人はそうそういないのではないでしょうか。

医者としていろいろな人を見ていると、50歳を過ぎたあたりから男性の関心は、「性」よりも「静」、つまり心躍るものから、心が静かになるものに移行していくような気がしてなりません。たとえば、瞑想やマインドフルネスが、最近とても人気です。ゴルフやドライブ、スポーツ観戦、釣りなどに燃えていたはずが、いつのまにか、盆栽、囲碁・将棋、俳句、絵画など、若い頃とやりたいことが変わってきたという人も多いでしょう。

年齢を重ねるにつれて、静かな時間を好むようになるのは自然なことでしょう。ただ男性は、静的なほうに移行していくのが、昔と比べて早くなっている気がします。ストレス過多社会にいるからこそ、早々と「静」を欲してしまうのかもしれません。

女性のほうが、いくつになってもときめきを持っているように感じます。在宅で診ているおばあちゃんたちの部屋には、よく氷川きよしさんのポスターが貼ってあります。世の女性たちのアンチエイジングに一番貢献しているのは、氷川きよしさんだと思います。

介護施設に往診に行ったときに、元気のないおばあちゃんに、「ズン、ズンズン、ズンドコ……♪」と歌うと、喜んでくれます。ただし、私の顔は見てくれませんが（笑）。寝たきりのおばあちゃんも、歌番組を見たり韓流ドラマを見たりして、ときめいています。

いえいえ、こんな私でも、施設で心待ちにしてくれているおばあちゃんは何人かいます。この前も90歳のおばあちゃんに、「結婚して」と言われました。ばあちゃん、幾つ？ と訊くと、もう24歳やけど…、と真顔で言って顔を赤らめたのです。

そうやって女性はいくつになってもときめきを忘れず華やいでいる一方、男性はときめきどころか、あきらめという感じで、シニカルになっているように見えます。

ただ、かわいそうなところもあって、ときめいているおばあさんは、かわいらしく映る反面、ときめいているおじいさんは、ピック病（前頭側頭型認知症の一つ）に間違われたり、若い子から気持ち悪がられたりするもの。やっぱり、男性はかわいそうな生き物です。男性だって、いくつになっても、ときめいてもいいと思うのですが。

いずれにしても、「性」から「静」へ興味が移ってきたら、「あ、更年期に入ってきたのかも」と考えて、その先の人生にも目を向けてください。

なぜ〝男おばさん〟と〝女おじさん〟になっていくのか？

クリニックの診察室に、まるで猫のように、奥さんに首根っこを掴まれて連れられて来る男性がたまにいます。猫は首の後ろを掴まれるとおとなしくなりますが、奥さんに首根っこを掴まれた男性も、されるがまま。診察室の椅子に座らされ、じーっと黙っています。そういう夫婦を見ると、「ああ、**『テストステロン値』が逆転している夫婦やな**」と思います。

先にも少し触れましたが、テストステロンとは、男性ホルモンの代表格です。男らしさを司るホルモンだと言えるでしょう。具体的には、骨や筋肉を維持する、性欲や性機能を維持する、血液を作る、肥満予防などの働きをしています。さらに、男性ホルモン研究の権威である順天堂大学の堀江重郎教授によれば、テストステロンは、「社会性」を支えていることがわかっています。科学雑誌『ネイチャー』に発表された研究によれば、テストステロンの値が高くなると、被災地でのボランティア活動や、恵まれない人への寄付行為など「利他的行動」をしたいと思う気持ちが湧いてくる傾向があるそうです。

女性ホルモンの代表格がエストロゲンです。生殖機能を司るこのエストロゲンは、俗に愛情ホルモンと呼ばれているオキシトシンを誘い出す働きを持っています。オキシトシンは、社会性を促すテストステロンに比べて、我が子のため、愛する人のため、といった自分に近しい人にとって、自分を犠牲にできる働きをするようです。

ここで忘れてはならないのは、**男性にだってオキシトシンが、女性にだってテストステロンがあるということ。**ですから男性ホルモン、女性ホルモンと呼ぶのは間違っていると主張する専門家もいます。女性は50歳前後を境にエストロゲンの分泌量が急激に低下し、閉経を迎えます。その影響で冷えやのぼせ、イライラ、発汗、だるさといったさまざまな不調に見舞われる更年期障害が起こることは、みなさんもご存じの通りでしょう。エストロゲンが急激に低下する一方で、女性の体内のテストステロン値はあまり変わりません。したがって、50歳を過ぎるあたりから自ずと、テストステロンが女性の脳内で優位になります。つまり、女性が50代から行動的になったり、社会性が高まってきたりして男っぽいおばさんになっていくのは自然の摂理なのです。

一方、一部の男性にも更年期障害があることは、あまり知られていません。

加齢に伴い、女性ホルモンが減少する影響で女性に更年期障害が起こるように、男性も、男性ホルモンが減少することで更年期障害が起こります。これを**LOH症候群**と言います。

しかし、男性の場合は女性と違って、エストロゲンが優位になり補ってくれるということはあまりないようです。つまり、ただ枯れていくだけ……。女性のエストロゲン減少は急激ですが、男性のテストステロンの減少は比較的緩やかです。ですから、女性に比べて更年期症状がわかりづらかったことも、今まで見過ごされてきた理由の一つです。

ちなみに、先の堀江重郎先生によれば、職業によってもテストステロン値に特徴がみられるそうです。画家、音楽家、俳優などといった芸術分野で働いている人は、総じてテストステロンが高いそうです。

逆に、総じてテストステロンが低い職業は、教師、牧師、医師といった「師」のつく職業なのだとか（がっかりです）。ただし、テストステロンは生活の仕方で、高くなったり低くなったりすることもわかっています。家族と同居している人と、単身赴任中の人では、後者のほうがテストステロンは高くなりやすいそうです。こうして見ていくと、芸術的な創造力（クリエイティビティ）と狩猟本能からくる行動力（アクティビティ）が、テストステロンと深く関係しているのがわかります。

さらに、女性の更年期にあたる時期は、「50歳プラスマイナス5歳」、つまり45歳から55歳と言われていますが、男性の更年期はもっと広い。40歳から70歳くらいまでの間と、人によってかなり差があります。**女性の更年期は夏の台風に、男性の更年期は秋の長雨にたとえられる**のもうなずけます。

男性の更年期は個人差が大きい上に、年齢や症状の個人差が大きいし、閉経というわかりやすいサインもないため、医療機関でも見逃されやすいのです。

だから夫婦の間でも、長年暮らしている間に、奥さんのテストステロン値のほうが旦那さんよりも高くなっていくという、逆転現象が起こることがあります。

ここで、綾小路きみまろさんのことを思い出した読者の方、きっと私と気が合うと思います。そう、彼の爆笑夫婦ネタの多くは、この、夫婦間のテストステロン値の逆転をギャグにしたもの。

〈出会った頃の妻は食べたくなるくらいかわいかった　あれから40年　今思うのは、あんとき食べておけばよかった〉

〈昔は温かいご飯に暖かい新妻　あれから40年　家で暖かいのは便座だけ〉

〈「あなたココに置いておくからね」あれから40年　今ではなんでも投げてよこす妻〉

〈「お茶くれ」に120円くれた妻〉

綾小路きみまろさんはすごい。医者たちがメンズヘルスに着目するずっと前から、夫婦間のテストステロン逆転現象を本能的に理解していたのです！

テストステロン逆転現象は、行動だけではありません。体つきや顔つきまで変わってきます。女性にひげが生えたり、目つきが鋭くなったり、体毛が濃くなったりしてくる一方、男性のおっぱいが膨らんだり、顔つきが柔和になったり、体つきもポニョッと丸みを帯びてきたり――。

診察室に入って来られた方が、男性か女性かわからないこともよくあり、カルテの名前を二度見することもよくあるのです。

要するに、性差というものがあやしくなって、女なのにおじさんぽい〝女おじさん〟と、男なのにおばさんぽい〝男おばさん〟になっていくのです。

そして残念ながら、〝男おばさん〟は、〝女おじさん〟に絶対に敵いません。

いつも飲んでいる薬が男おばさん化を加速させる⁉

薬のせいで **〝男おばさん化〟** が進むこともあります。

たとえば、ガスターなどの胃腸薬やアダラートなどの降圧剤の副作用で、男性の胸が女性のように膨らんでしまうことがあります。「女性化乳房」と呼ばれています。

薬といえば、**「プロペシア」** を飲んでいる人はいませんか？

男性型脱毛症（ＡＧＡ）の代表的な治療薬です。テレビコマーシャルでもよく見かけるアレです。男性ホルモンの「テストステロン」からより作用の強い「ジヒドロテストステロン」が合成されるのを抑えることで、男性ホルモンの働きを抑え、男性型の脱毛を防ごうという増毛薬です。

長く飲み続けることで髪の毛が生えてくるので、男性型脱毛症によく効く薬として知られています。ただその一方で、ちょっと困った副作用があるのです。男性ホルモンの働きが抑えられることで、性欲もなくなり、男性機能も低下するという副作用が知られています。女性にモテたいと思って、プロペシアを飲み始めたら、髪が生えてきた頃にはすっかりメス化して、性欲減退。モテたいなんてさっぱり思わなくなった……なんて、まるで落語のオチみたいなこともあるわけです。結果的によいのか、悪いのか、わかりません。

最近男性に急増している前立腺がんの治療でも、男性ホルモンを抑えるホルモン療法が行われます。ここで、間違えてほしくないのは、もともと男性ホルモンが多い男性が前立腺がんになりやすいわけではありません。「前立腺がんのなりやすさ」と「男性ホルモンの量」は無関係なのですが、一旦、前立腺がんができると、男性ホルモンはがんを大きくする働きを持ってしまうのです。そのため、ホルモン治療で男性ホルモンを抑えるのですが、そうすると、みんな体つきが女性らしくなって、男おばさん化してしまいます。

というわけで、更年期以降のホルモンバランスの変化や、薬、治療の影響で、男性はおばさんになりやすい。年老いてなお男らしい男性は、それこそ絶滅危惧種なのです。芸能界を思い浮かべても、パッと思いつくのは、現役ではビートたけしさんくらいでしょうか。それほど、加齢に逆らってオスを保ちながら80代を迎えるのは難しいことなのです。

心と下半身のしめつけがテストステロンを減らしている!?

テストステロンが減少していたら、どうすればいいのでしょうか？　病院に行って補充療法を受けるのももちろん有効です。

しかし、まずは**テストステロンが減少しないような生活習慣を心がけることです。**何よりもストレスがよくありません。余計なストレスにずっとさらされていると、自律神経のうち交感神経ばかりが活発になって、テストステロンの分泌が減少します。副交感神経のほうが働くように、リラックスする時間を持つことが大切です。ちなみに、精神的なしめつけだけではなく、下着のしめつけもよくありません。ブリーフがよくないのです。何事もしめつけるのはよくないのでしょう。

テストステロン値を上げるには、ブリーフよりもトランクス。そう考えると、昔のふんどしは、しめつけがまったくなく、理想的だったのです。

また、テストステロンは、夜眠っている間に作られます。だから、睡眠が大事。睡眠が不足すると、テストステロンが十分に作られません。ストレスは睡眠不足も招くので、ストレスが続くと、二つの意味でテストステロンを減らすことになります。

それからテストステロンは主に睾丸（精巣）で作られるのですが、精巣は熱に弱い。温度が高くなると、テストステロンを作る働きも弱まります。サウナが好きな男性が多いですが、あれはじわじわテストステロンを減らしているようなもの。よく「体を冷やさない」「温めるのが大事」と言いますが、睾丸に関しては逆なのです。

ちなみに、女性の卵巣は体の中にあるのに対し、男性の精巣は体の外に出ているのは、体温よりも少し低く保つためだと言われています。そして、睾丸にしわが多いのも、温度調節を行うためなのです。

精巣の働きを保ってテストステロン値を上げるには、股間の温度を上げないこと。新幹線に乗っていると、ノートパソコンを太ももの上に乗せて一生懸命作業をしている人を見かけます。あれは、パソコンの熱で股間の温度も上がるので、よくありません。

ストレスを溜めない、しめつけない、よく眠る、温度を上げない。

これが、テストステロン値を下げない生活の基本です。

さらに言えば、幾つになっても恋心を持つこと。50歳を過ぎた女性が、ジャニーズや韓流アイドルにキャーキャー言えるのは、テストステロンが優位になってきた証拠。男性も、他人様の迷惑にならない程度で、いつでも恋のときめきを持つことが、テストステロンを増やし、究極のアンチエイジングとなります。

あなたの男性更年期度をチェックしよう！

このテストステロンの低下がもたらすのは、男おばさん化だけではありません。仕事一筋だった男性が定年後、家にこもるようになって「定年後うつ」に陥ってしまうということは少なくありません。孤独死にも直結する問題です。

さらに、**テストステロンが高い人は、脳梗塞や心筋梗塞になるリスクが半減する、がんになる割合が3割減る**といった報告もあります。テストステロンが低下していないかどうかを調べる、簡単なテストがあります。「AMS（Aging males' symptom）スコア」と言います。テストステロンの低下によって引き起こされる男性更年期障害（LOH症候群）かどうかをチェックするものです。

合計が50点以上の人は、テストステロン値が低下している可能性がかなり高いと考えられます。正直なところ、私もいくつか当てはまります。LOH症候群かもしれません。

ただし、これはあくまでも目安。実際のテストステロン値は、血液検査等、外来診療で次の質問に対して、「なし」1点、「軽い」2点、「中等度」3点、「重い」4点、「非常に重い」5点で、点数をつけてみてください。

❶総合的に調子がおもわしくない 〈　〉点
❷関節や筋肉の痛みがある 〈　〉点
❸ひどい発汗がある 〈　〉点
❹睡眠の悩みがある 〈　〉点
❺よく眠くなる、しばしば疲れを感じる 〈　〉点
❻イライラする 〈　〉点
❼神経質になった 〈　〉点
❽不安感（パニック状態になる） 〈　〉点
❾からだの疲労や行動力の減退を感じる 〈　〉点
❿筋力が低下した 〈　〉点
⓫憂鬱な気分になる 〈　〉点
⓬「絶頂期は過ぎた」と感じる 〈　〉点
⓭力尽きた、どん底にいると感じる 〈　〉点
⓮ひげの伸びが遅くなった 〈　〉点
⓯性的能力の衰えを感じる 〈　〉点
⓰早朝勃起（朝立ち）の回数が減った 〈　〉点
⓱性欲が低下した 〈　〉点

合計 〈　〉点

簡単に調べることができます。気になる方は、**「メンズヘルス外来」**を探して、そこで調べてみてください。

テストステロン値の測定は、特に症状のない人は自費診療になりますが、男性更年期障害が疑われる人であれば保険内で行えます。

テストステロン値を測ることで、ＬＯＨ症候群だけでなくさまざまな病気がわかることもあります。前立腺がん、認知症、パーキンソン病などが見つかるきっかけにもなるのです。もう歳だから、そんな検査は億劫だと思ったあなた、その、何をするのも億劫だという気持ちこそが、更年期障害からきている症状なのです。

性ホルモンの減少とともに起きやすくなる主な病気と症状
（LOH 症候群の病態）

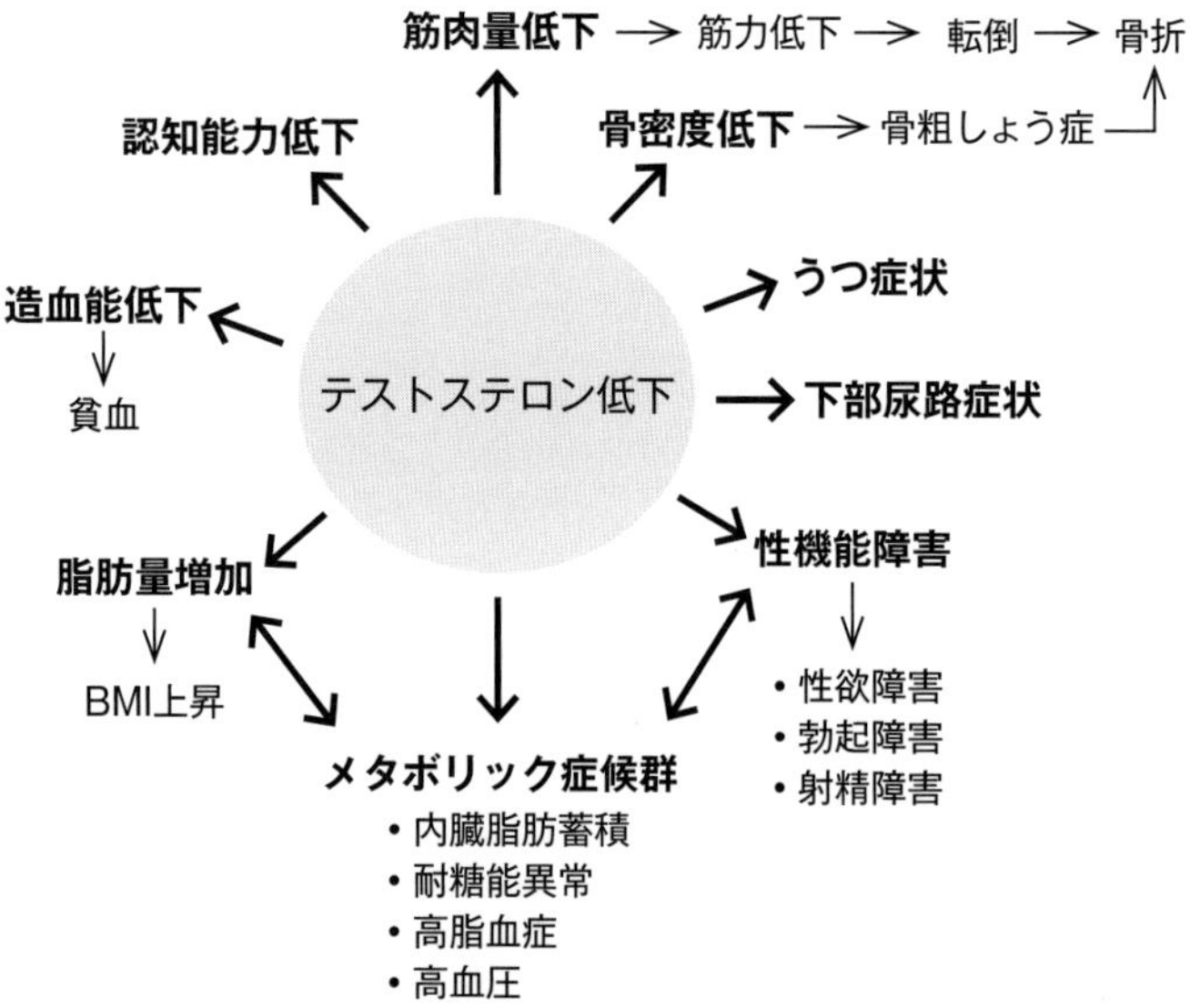

永井敦著『男性機能の真実』より

column

有名人から学ぶ孤独死③ 俳優・平幹二朗さんの場合

演劇界の至宝とでもいうべき名優、平幹二朗《ひらみきじろう》さんは、2016年10月22日、お風呂で亡くなられました。82歳でした。

この日、一人暮らしの平さんと連絡が取れなかったことから、近くに住む息子で俳優の平岳大《たけひろ》さんが自宅に駆けつけたところ、**浴槽で冷たくなっている平さんを発見**したそうです。穏やかに、眠るように亡くなっていたと語っています。この日の東京は、朝晩と昼の寒暖差が急に大きくなった日でした。

私は、平さんがもう82歳であったことに驚きました。背筋はいつでもしゃんとしていて変わらぬスマートな体形、よどみのない台詞回し、独特のハリのあるお声、脇役であっても主役を凌駕するオーラ。これほど老人らしさを感じさせない80代の俳優さんは、演劇界広しといえども他には見当たらないように思います。

平さんは、1956年に俳優座に入団。ハンサムな顔とスケールの大きな演技で、たちまち花形俳優となり、数々の名舞台を残しています。シェークスピア作品を平さんの出演作で初めて見たという日本人は少なくないでしょう。テレビドラマでも大活躍でした。

入浴死という言葉には、悲愴なイメージがありますが、考え方によってはこれもピンピンコロリであり、平穏死であるとも言えるでしょう。しかし、平さんはまだまだ素晴らしい仕事ができたはずと思うと、悔しさが募ります。ご高齢の方はこれからの季節、次のことを心掛けてお風呂を楽しんでください。

(1)外気温が高い時間帯に入浴をする
(2)脱衣所も温かくしておく
(3)シャワーや掛け湯で徐々に体を温めてから浴槽に入る
(4)飲食、飲酒後すぐの入浴は控える
(5)湯温は41度以下で10分以内の入浴を目安に

平さんは、2016年に亡くなられた演出家、蜷川幸雄作品においても、なくてはならない存在でした。

今も天国でお二人、熱い演劇論を戦わせていることでしょう。

第4章

「下流老人」と「孤独死」

小林よしのり氏の極論。あなたはどう思いますか？　私は反対ですが……。

『TV タックル』で下流老人の議論をやっていたが、高齢者の 4 人に 1 人、900 万人が貧困に落ちているという。下流老人とは、生活保護基準相当の収入で暮らす困窮した高齢者のことらしい。65 歳以上の生活保護費の受給者は現在 80 万人に及ぶというが、本来は、生活保護費は「自立支援」なのだから、高齢者だけ生活保護の受給者が伸びている現状は異常である。年金でこういう高齢貧困層を救済できないから、生活保護で代用しているわけだ。現在は国民の 1900 万世帯が貯蓄ゼロになっていて、自分で中流と思っている人も、実はすでに下流に落ちているのだという。

確かに昔は「隠居」という言葉があったが、今は 70 歳過ぎても働かなければ生きていけない。寿命が延びた分、年金も医療費も破たんするし、自分で稼がねば生きる資格がないという実態のようだ。日本は他国に比べてホームレスが少ない、失業率が低い、それなのに貧困に落ちて、希望なく長生きする高齢者がこれから急激に増えていく。

しかも家族も地域共同体も崩壊しているから、知人に介護してもらえることもなく、孤独に引きこもって、孤独死を待つしかないのだ。構造改革・規制緩和と延々と言っているが、真っ先に規制緩和すべきは安楽死だろう。国民としての役割を果たし終えて、若者の迷惑にしかならない老人は安楽死するのが一番いい。

2016年5月15日 BLOGOS　小林よしのり「下流老人の解決法」より

いざというときのための「生活保護」を知ろう

数年前から**「下流老人」**という言葉が使われるようになりました。きっかけは、社会福祉士で、さいたま市を拠点に生活困窮者の支援活動を行っている藤田孝典《ふじたたかのり》さんが、2015年に上梓した『下流老人――一億総老後崩壊の衝撃』（朝日新書）という本です。

この本はベストセラーになり、「下流老人」が、同年の流行語大賞にもノミネートされました。藤田さんは、「生活保護基準相当で暮らす高齢者およびその恐れがある高齢者」のことを下流老人と呼んでいます。つまり、普通の暮らしが送れない、下流の生活を強いられる老人のことです。さらに、藤田さんは、こうも指摘しています。

「年収400万円以下は下流化のリスクが高い」

「ひとたび病気や介護、あるいは熟年離婚といった予期せぬ出費が生じれば、誰もが簡単に〝下流〟になってしまう」

「金がなければまともな介護も受けられない」

下流老人という言葉が浸透したことで、老後の貧困に光が当てられたことはとてもよかったと思います。しかし一方で、「一生懸命働いてマジメに生きてきたのに、行き着く先は地獄なのか……」と、漠然とした恐怖が日本中に蔓延してしまいました。その結果、多くの人が、見えない恐怖や老後への不安にがんじがらめになって、今を楽しめなくなっているように感じます。罪深いベストセラーとなったとも感じます。

そこで、この章では、漠然とした恐怖、不安に振り回されないためのコツをお伝えします。まず一つめは、**生活保護**についてです。「下流老人化してしまう」と言いますが、本当に困ったら生活保護倒産があります。このことを失念している人は多いのです。

日本では、生活保護に対する偏見が根強くあります。もちろん、「まだまだ働けるのに働かない」「収入や資産があるのに隠している」など、不正受給の問題はなんとか改善しなければいけません。

しかし、諸外国に比べて生活保護の受給率は圧倒的に低いのです。左の図を見てください。生活保護を受けている人の割合は、日本では1・6%ほどですが、ドイツやイギリスでは1割近くいます。不正受給の割合は、額で言えば1%もありません。一方、生活保護の受給資格がある世帯のうち、8割が生活保護を利用していないという実態があるそうです。

制度について知らないのか、日本人特有の謙虚さなのか……。

生活保護利用率・捕捉率の比較（2010年）					
	日本	ドイツ	フランス	イギリス	スウェーデン
人口	1億 2700万人	8177万人	6503万人	6200万人	941万 5570人
生活保護利用者数	199万 8957人	793万 5000人	372万人	547万 4640人	42万 2320人
利用率	1.60%	9.70%	5.70%	9.27%	4.50%
捕捉率	15.3～18%	64.60%	91.60%	47～90%	82%

日本では人口の1.6%しか生活保護を利用しておらず、先進諸外国よりもかなり低い利用率です。しかも、生活保護を利用する資格のある人のうち現に利用している人の割合（捕捉率）は2割程度に過ぎません。残りの8割、数百万人もの人が生活保護から漏れているのです。２０１２年に入ってから全国で起きている「餓死」「孤独死」事件発生の背景には、生活保護の利用率、捕捉率の低さが影響していると考えられます。（日本弁護士連合会発行　「今、ニッポンの生活保護制度はどうなっているの？」より抜粋）

いずれにしても、生活保護は先進国共通のセーフティネットです。国家が存続する限り、生活保護という制度は絶対になくなりません。国家が何のためにあるのかと言えば、一つには「セーフティネットを確保するため」でしょう。富の再分配は、国家の大事な役割です。「下流老人」というマイナスな響きから恐怖におののいてしまいがちですが、下流老人の下にあるのは「死」ではありません。あまりネガティブに考え過ぎず、「生活保護があるから大丈夫」「本当に困ったら、生活保護に頼ればええ」と、「ケ・セラセラ」の心を持っておきましょう。

もう一度働く！　という選択肢

本当に困ったら生活保護があることは覚えておいてほしいのですが、何も私はむやみにすすめているわけではありません。生活保護は、さまざまな事情があって働けない人のための制度です。私は、いくつになっても健康である限りは、働けるのならば働いたほうがいいと考えています。それが国の経済のためであり、また、自分の健康のためになるのです。

先日、久米宏さんがテレビ番組に出られていて、司会の中居正広さんが、「『ニュースステーション』が終わったあとの『報道ステーション』はご覧になっていましたか？」と質問したのに対し、しばらく沈黙したあとで、「やめなきゃよかったと思いました」と答えていて、とても印象的でした。

死ぬまで働くなんて虚しい、他にやりたいことがある、社畜で終わるなんてこりごりだ！　とにかく働くことに疲れた……いろいろな想いが交錯しながら、多くの人は定年という卒業証書を渡されますし、家庭の事情や病気などで自ら退職を懇願した人もいるでし

55歳以上の就労と幸福度

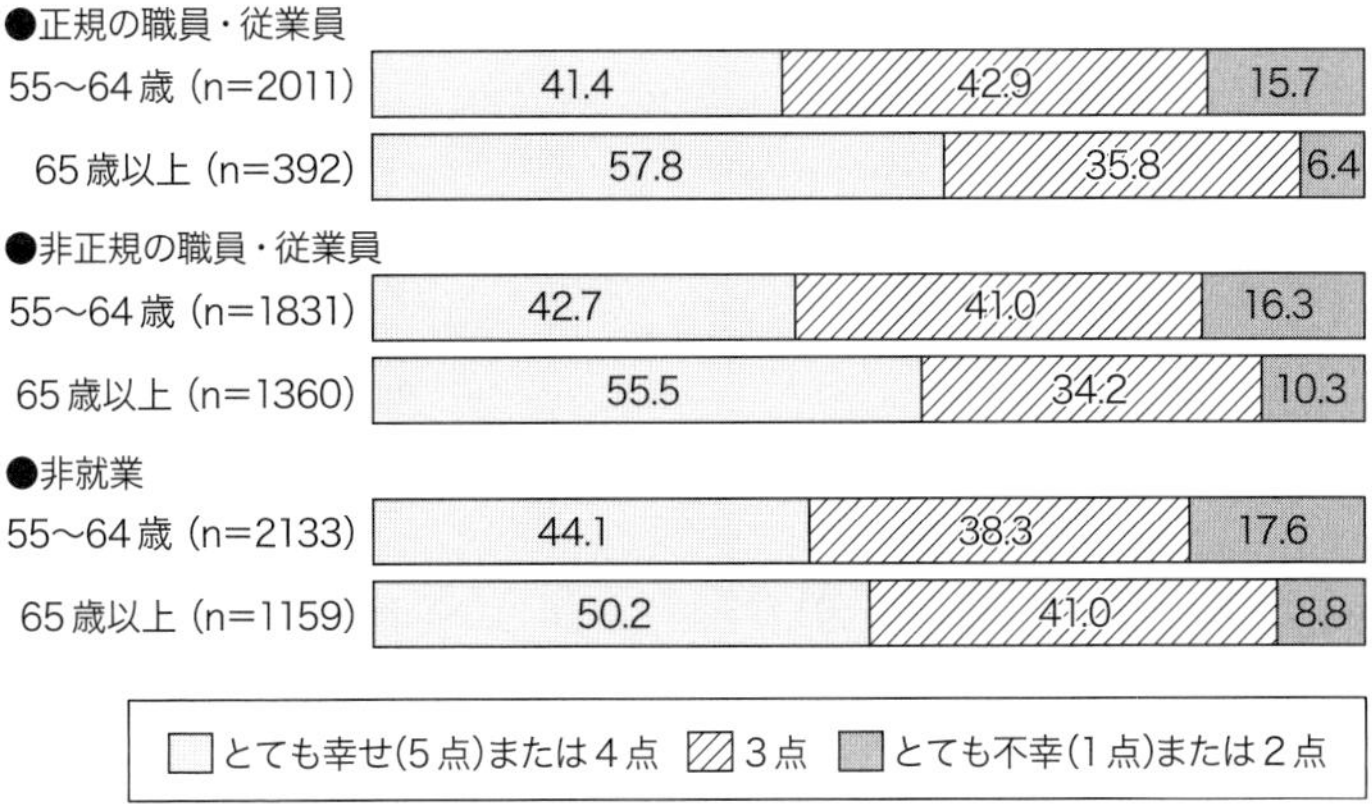

ょう。しかし、一度卒業したら終わりではありません。上の図にあるように、幸福度を上げることは、働くこととも関係するようです。働き方にはいろいろあります。週休2日ではなく週休5日、つまり週2日勤務でもいいですし、週1日でもいいでしょう。その1日だって、若いときと同じように朝から晩まで働かなくても、半日だっていいと思います。

給料も、老後と呼ばれる時期にさしかかったら、そんなに稼がなくてもいいでしょう。低賃金でもかまいません。昔はこんなに貰っていたのに、なんていうプライドなんて捨ててください。お金よりも働くこと自体がボケ防止になり、足腰を鍛えられ、社会とのつながりもでき、得るものが多いのです。先ほども書いたように、男性ホルモンの代表格である**テストステロンは、「社会性」のホルモン**。世の中とつながることによって、テストステロンは維持できるとも言えます。どんな形であれ、社会とつながることが大切なのです。だから、できる仕事をやってみよう、できることがあるなら働こうという気持ちを持っていてほしい。もし仕事が見つからないとしても、ボランティアはたくさんあります。

自分が住んでいる地域の社会福祉協議会やボランティアセンターのホームページ、あるいは、「地域名　ボランティア」とインターネットで検索すると、たくさん見つかります。無料のボランティアだけではなく、お小遣い程度にお金がもらえる有償のボランティアもあります。うまくできなくて、恥をかいてもいいじゃないですか。きちんとやらなければ仕事じゃない、という考えが強い人ほど、孤立しがちです。

それに、仕事には年齢制限がありますが、ボランティアにはほとんどないはずです。仕事でもボランティアでも、人様の役に立てること、社会との接点が持てることは、とてもよいことです。若い頃にはお金を稼ぐために働いてきたと思いますが、定年を迎えたあとは、お金以外の働く目的を大切にするといいでしょう。

社会から孤立していくほど、孤独死のリスクも高まります。そういう意味でも、働けるうちは働いて、社会との接点を持つことが大切なのです。

パチンコとタバコをやめるだけで人生は変えられる

年金を貰ったら、そっくりそのままパチンコ屋に行って、全部使ってしまう人がいます。あるいは、貰った年金をタバコにつぎ込んでしまう人。

これは、非常にもったいない。お金がもったいないだけではありません。その人の健康や人生という観点でも、実にもったいないのです。

パチンコ、タバコ、アルコールが大好きという人は、孤独死する典型例のようなもの。

仕事や年金で収入があっても、パチンコとタバコにお金を費やすためにすぐにお金が底をつき、経済的困窮に陥って、借金もできたりして、人が離れていき、ますますパチンコ、タバコに時間もお金も費やすようになる。それでさらに孤立して、挙句の果てには長年の不摂生で糖尿病の合併症が全身に出たり、がんになったり、肺気腫になったりして弱っていき、ひっそりと亡くなる――。つまり、たどり着く先は孤独死。

残念ながら、そういう人は増えています。そして、その多くが男性です。

非喫煙者と比較した喫煙者の死亡率（非喫煙者＝1.0）

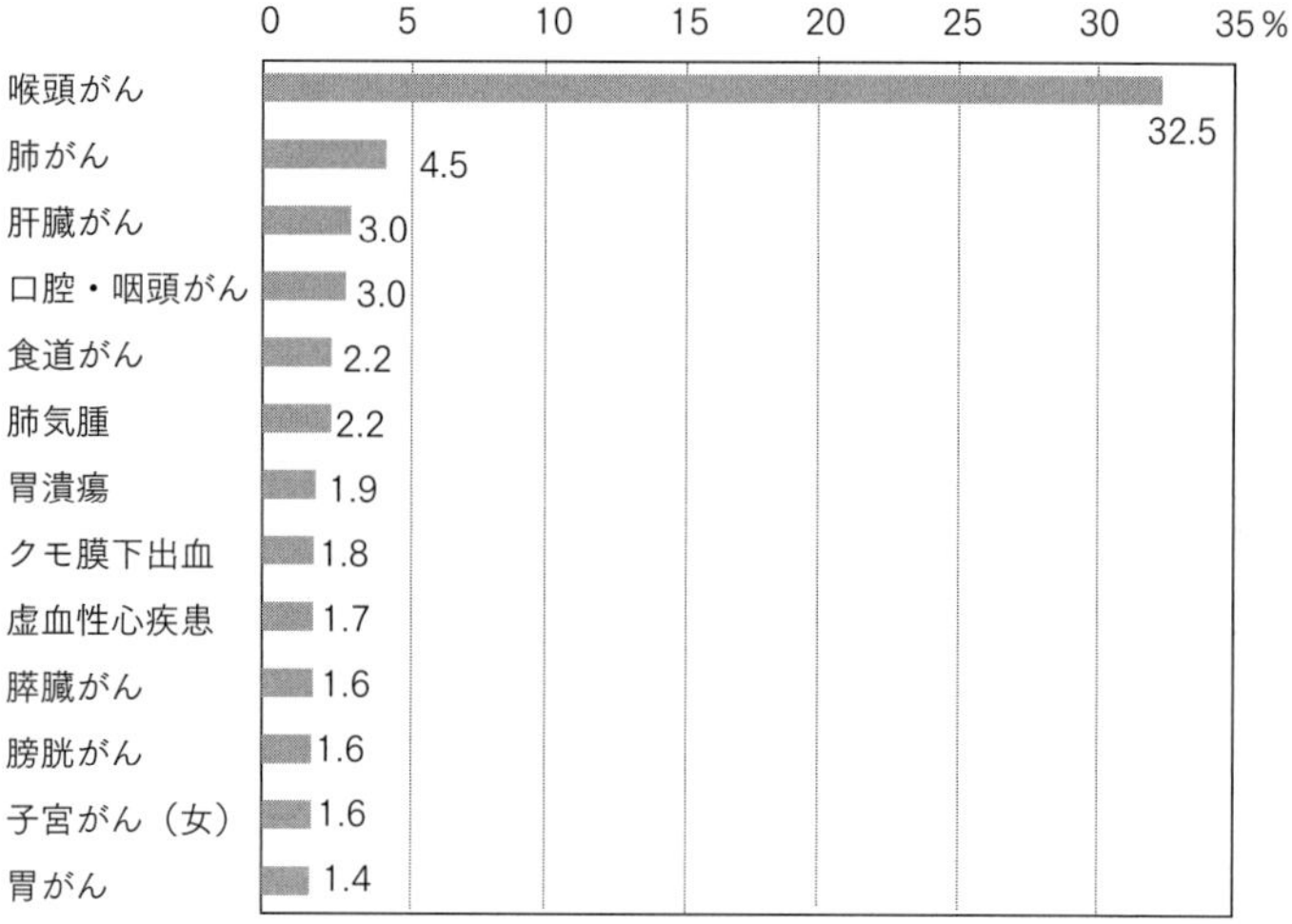

国立循環器病研究センターHPより

タバコの害については、これまでにもいろいろな本で書いてきました。『禁煙で人生を変えよう　騙されている日本の喫煙者』（エピック）という本も出しました。

なぜ、私がそこまでタバコの害を訴えるのかというと、COPD（慢性閉塞性肺疾患）や肺がん、食道がん、咽頭がんなど〝タバコ病〟で苦しむ人たちと、日々、向き合っているからです（上の図参照）。特に、咽頭がんの20代の青年を、在宅でお看取りしたときのことは今でも忘れられません。

また、すごく繁盛しているケーキ屋を経営していたのに、ある日、仕事終わりにお店のスタッフと食事をとったあと、疲れ果てて一人、寝入ってしまったら、そのまま火事で亡くなってしまった中年女性がいました。その人は、喫煙家だったのです。タバコの火の不始末が火事の原因だったようです。私は、そのお父さんの主治医でもありました。とにかく号泣されていて、見ていられないくらい憔悴していました。

火事を出して亡くなるのは孤独死ではありませんが、孤独死以上に周りに迷惑をかけ、周りを悲しませるものです。何もかもを一気に失い、隣家にまで火が及ぶこともあります。そして、そんな火事の原因で多いのが、タバコなのです。

20歳までに喫煙を始めて、一生禁煙しなかった場合、男性で8年、女性で10年寿命が短くなる――。

これは、政府が広報している内容です。ただ、その一方で、JT（日本たばこ産業）の株式の3分の1は財務省が保有しています。なおかつ、財務省から多数の天下りを受け入れています。

タバコで得しているのは、財務省と天下り役人だけ。タバコを吸っている人は、お金と10年分の命を奪われていることに早く気づいていただきたいと思います。

依存はしてもいい。しかし依存症になってはいけない

タバコやパチンコをなぜやめられないのかといえば、「依存症」になっているから。ある種の病気なのです。

そして、孤独死と関連が深い、もう一つの依存症が、「アルコール依存症」です。アルコール中毒）と言ったほうが、わかりやすいでしょうか。

監察医の西尾先生も、**孤独死で解剖にまわってくる遺体はアルコールに関連するものが多い**とおっしゃっています。しかも、**アルコール依存症と診断された人の解剖に限れば、圧倒的に男性が多く、独居者ばかり**だそうです。

アルコール依存症の一人暮らしの男性も、孤独死に至りやすい典型なのです。

パチンコ、タバコで生活が困窮していきだんだん周りから人が離れていくと、孤独を紛らわすために酒浸り。アルコール依存症になると、なおさら誰も寄りつかなくなります。

昼間からお酒の臭いをぷんぷんさせていたり、周りの人に暴言を吐いたり暴力をふるったり……。アルコール依存症のせいで失業した、離婚したという話はよく聞きますよね。逆に、失業や離婚をきっかけにアルコールに依存していったという話も耳にしますが。

正直に言えば、アルコール依存症の患者さんは医者もあまり診たくありません。本人は依存症であることを認めません。隠そうとします。医者が忠告すると、激しく怒ることもあります。とはいえ、医者には「診療を求められたら、正当な理由がない限り、拒んではいけない」という応召義務があるので、アルコール依存症の患者さんが来られたら向き合います。

依存症というのは、脳内で「報酬系」が形成された状態です。

パチンコやタバコ、お酒などで脳が快楽を感じると、**「ドーパミン」**という快楽物質が出ます。その快楽を何度も味わっているうちに、またその刺激がほしくなる。そうして、「刺激→快楽という報酬→同じ刺激がほしくなる」という報酬系の回路が活性化され、快楽をもたらしてくれるものから離れられなくなってしまいます。

アルコール依存症は、タバコ（ニコチン）以上に依存性が高い。つまり、一旦、依存症になると、やめるのは非常に困難です。

アルコールやタバコ以外にも、ギャンブルやインターネット、スイーツなども、依存症を作ります。

特にスイーツ、砂糖依存は深刻です。砂糖依存に陥ると、不安が増します。砂糖を摂ると、血糖値が急激に上がって一気に下がるのですが、その落差がイライラや不安を作るのです。だから、甘いものをたくさん食べると、イライラしやすくなったり、不安が強くなったりして、心が落ち着かなくなる。その結果、また一瞬の快楽を求めて甘いものに手が伸びる……という悪循環です。

さらに、**ブドウ糖依存症**に陥ると、認知症にもなりやすくなります。

糖尿病の人は認知症になりやすいということは以前から知られていて、私の経験上でも、糖尿病を放置している人はかなりの確率で、高齢になってから認知症を発症しています。そして、糖尿病になる原因は、ごはんやパンや麺類などの炭水化物の食べ過ぎです。そしてもう一つは、歩かない生活です。

「炭水化物の食べ過ぎ↓ブドウ糖依存症↓糖尿病↓認知症」と、つながっているのです。

在宅医療で、一人暮らしのお年寄りの男性宅を訪ねると、台所に、見るからに甘そうな菓子パンが何個も並び、テーブルの上にはチョコやクッキーなどの、甘いお菓子がどさっと置かれていたりします。そういう様子を見ただけで、「あ、認知症やな」と思います。

とは言うものの、そもそも人は誰しも、何かに依存しているものです。まったく何にも依存していない人なんて、いません。美空ひばりさんが『愛燦燦』で「人は哀しい　哀しいものですね」と歌ったように、人は本来、弱さや寂しさ、悲しみを抱えて生きているので、何かに依存しながら自分の心を奮い立たせて生きていくものなのでしょう。ちょっとずつ、いろんな人やいろんなものに依存をしていくこと。頼れる相手や甘えられる相手、心がほっとするもの、癒される趣味を、いくつも作っておくこと。〝広く薄く〟の関係性です。そうすれば、依存はしても、依存症にはなりません。

しかしどうしても、タバコやアルコール、炭水化物、ギャンブルといったものは、依存症になりやすくなります。タバコ以外は、適度に嗜《たしな》む程度であればいいのですが、依存症にまでなってしまったら、完全に断つしかありません。

ただ、依存症になっていても、本人は気づかないことが多い。「もしかしたら」と思ったら、まずは1週間、頑張ってそれなしで暮らしてみてください。お酒なし、ギャンブルなし、スイーツなしで1週間生活できたら、あなたは依存症ではありません。

でももし、1週間、我慢できなかったら、すでに依存症になっていると考えて、完全に断つ努力をしてください。依存症の数が多い人ほど、孤独死しやすいように思います。

貯金額と子どものことばかり気にしていると幸せになれない

「下流老人」という言葉が巷に広まって以来、老後に不安を抱く人が増えています。老若男女問わず、不安の渦に呑み込まれています。

「お金がもったいないから」という理由で、飲みにも行かない、車も買わない、デートもしない、挙句の果てに「結婚は不経済だからしない」と考える若者が増えているそうです。

さらには、「年金はあてにできないから、老後の資金を貯めないといけない」「若いうちしか稼げない」と言って、女子大生が夜の街や風俗で働いています。今借金を抱えているわけでもないのに、ホストにはまっているわけでもないのに、ただただ、「老後が不安だから」という理由で、若い女の子が風俗嬢として働いている国なのです。そんな世の中、どうなのでしょうか。

それなのに政府は一億総活躍、女性の活躍なんて謳っているわけですから、いい気なものです。一方でお年寄りも、「老後のため」と言って貯金に精を出しています。80歳、90歳になっても、「老後が心配だから」と生活費を切り詰め、なるべくお金を使わないようにしている人もいる。80歳、90歳の人にとっての「老後」って、いつなのでしょう？

不安はもちろん、私にだってあります。まだ来ぬ将来のことを考えればきりがありません。世界情勢にしても環境問題にしても、そして本丸の医療問題にしても……この先、不安だらけです。

そんななかで、多死社会を迎えているわけですから、日々の在宅看取りの数は増える一方で、眠れない毎日です。しかし、どんな時代にも不安はあったでしょう。天変地異や飢きん、戦争など、何もない時代などありません。そんな解決しようのない不安をずっと抱えていても、ストレスが溜まるばかり。ストレスがずっと続くと、脳は萎縮していくのです。そして引きこもりがちになり、社会とのつながりを断って、さらに不安が増大するという悪循環に陥ります。「老後のため」とか「老後が不安」とみんな言いますが、「老」の「後（あと）」って、何でしょう？　「老のあと」は、「死」ではないでしょうか。

そう考えると、老後にもう自分はいないのだから、過剰に不安がる必要もないのです。

不安に負けて自暴自棄になって孤立すると、孤独死になりやすくなるでしょう。いかに不安を払拭して、楽観的に毎日を送れるかが、今、問われているのだと思います。

貯金の理由で、もう一つ多いのが、「子どものため」です。

私は、人間は裸で生まれて裸で死んでいくのだから、「死んだら終わり」にして、相続という仕組み自体、ないほうがいいと思っています。

犬や猫には相続なんてありません。人間だけが、富を子孫に引き継いでいくのです。以前から、「相続税率を100％にしたらどうか？」という意見がたびたび出ては、「そんなの暴論だ！」と猛反対に合っていますが、私は決して暴論ではないと思っています。相続税率を100％にすることは、すなわち、「死んだらすべて国に没収される」ということ。

そうすれば、「老後のため」「子どものため」なんて言わずに、みんなが「今」を生きるようになるでしょう。「持って死んだら損」とばかりに、眠っているお金がどんどん使われるようになるはずです。何よりも、相続税率100％にすれば、無能な二世、三世の国会議員や医者が絶滅するでしょうから、国民にとってもいいことだらけです。

子どもに1千万円遺すより、自分のために使い切ったほうが絶対にいい。たとえば、「豪華客船で行く世界一周旅行」とか、ああいう旅もいいと思います。障害があっても認知症があっても旅行したほうがいい。人間である限り、生きている限り、動くことは大事です。歩行が難しくても、車椅子を使って移動してほしいのです。

だから、子どものために貯金をするくらいだったら、自分の旅行のためにお金を使ってほしい。そもそも子どもに多額のお金を遺しても、いいことはありません。

人は、自分で生きていくもの。なんの努力もせずに大金が舞い込んできたら、ろくなことはありません。

たとえば、医学部を卒業するのにかかる学費は、国立大学は350万円ですが、私立大学は6年間で少なくとも2千万円はかかります。高いところだと、その倍です。当然、私立の医大に子どもを通わせることができる家庭は限られています。私のように、母子家庭で、学費も生活費も自分でアルバイトをして稼いでいるような学生は、ほとんどいませんでした。東大にしても、親の世帯年収が1千万円を超える学生が過半数を占めています。

「運命は自分で切り拓くものだ」と言われますが、現実は、経済格差が運命格差を生んでいるのです。不都合な真実です。しかし、それさえも永田町は是としている。

下流老人の逆の **〝上流老人〟が、相続という形で、自分の子どもにお金を引き継ぎ、他の人たちを下流に落としている**のではないでしょうか。言ってみれば、みんな自ら落ちて下流になるのではなく、落とされている。

上流老人が格差社会を作り、さらには下流老人を作っているのではないでしょうか。

多動のすすめ
――多動なおじいちゃんのほうが元気な理由

「多動」という言葉はどちらかと言えば、マイナスなイメージでしょうか。

「多動症」と、「症」の字をつけて、病気のように言われることもあります。

外来や在宅で診療をしつつ、地方で講演をしたり、学会に出たり本を書いている私も、傍目には多動症に見えるらしく、ときどき周囲から大人のADHD（注意欠陥・多動性障害）だと揶揄《やゆ》されます。でも、年齢を重ねるほど、多動を目指したほうがいいのではないか、と思っています。

年を取ると、一度にたくさんのことができなくなってくるものです。若い頃は、1日に10個のことができていたのが、年を取るにつれて、5個になり、3個になり、そのうち1個しか、いや、1個すらもできなくなる。

さて、よく「年を取ると1年が早い」と言いますよね。どうして早くなるのだと思いますか？　10歳の子どもにとっての1年は「10分の1」、二十歳の若者にとっての1年は

「20分の1」、60歳の中高年にとっての1年は「60分の1」と、生きてきた人生に占める割合が小さくなるから、1年が短く感じるようになる。これまではそう説明されてきました。

ところが、生物学者の福岡伸一さんは、そうではなく、「自分の体内時計が遅くなるから」だと述べています。つまり、**時間は一定に流れているけれど、自分がのろくなるから、相対的に早く感じるようになる**ということ。わかりやすいところで、朝起きてから家を出るまでの時間について考えてみましょう。あなたは今、準備にどのくらいの時間がかかっていますか。私は、大学生のときは、パパッと顔を洗って服を着替えて、5分で家を出ていました。小学生のときは5分もかかっていなかったと思います。それが、還暦手前となった今では、30分かかります。40代の頃は、10分で出て行っていたはずです。やることはそう変わっていないのに、同じ動作に6倍の時間がかかるのです。それだけ若い頃に比べて動きが緩慢になっているのでしょう。

年を取るということは、物理的に言えば、体の筋肉量が減るということ。時間の観点から言えば、緩慢になるということ。だから、適度な負荷を上手にかけて、多動的になるよう意識してください。ちょっと欲張って、少しやることを増やすということです。「時間がかかるから、今日はこれだけ」と思うのではなく、「あれもこれも」と少し背伸びをしたほうが元気なままでいられると思います。

おしっこにかかる時間で孤独死が予測できる⁉

先ほど歳をとると、動作が遅くなるというお話をしましたが、この章の最後におしっこの話をしましょう。まず、排尿の時間についてです。排尿にかかる時間は、哺乳類はみんな同じだということ、ご存じですか？　ゾウもネズミもキリンもサルも、体の大きさにかかわらず、**排尿時間はおおよそ21秒以内で、みんな同じなのだそうです**。

このことを突き止めた研究は、２０１５年のイグ・ノーベル賞に選ばれました。イグ・ノーベル賞とは、人々を笑わせ、考えさせる研究に対して贈られる賞です。

生物学者の本川達雄さんが書かれた名著『**ゾウの時間　ネズミの時間——サイズの生物学**』（中公新書）にあるように、動物は、体の大きさによって寿命や心臓の動き、肺の動きなどが違います。それなのに、おしっこにかかる時間は同じというのは、大発見です。みな21秒以下。どうやら、体が大きな動物ほど、膀胱の容量も大きくなる一方、その分、おしっこを出す尿道も太く、勢いよく出せるため、膀胱の小さな小動物とそんなに排尿時間が変わらないようです。おもしろいですね。

もちろん、人間も同じです。人間も哺乳類なので生殖年齢ではやっぱり21秒くらいです。みなさんは、どのくらいでしょうか？　21秒前後で終わっていますか？

1分ほど、便器の前でずーっと立っているなんてこと、ありませんか？

年を取ってくると、排尿時間はだんだん長くなってきます。先ほど、年を取ると動きが緩慢になると書きましたが、排尿という動作自体も遅くなるのです。排尿時間が21秒以上になると、男性の場合、死が近くなる？

ですから、おしっこにかかる時間が長くなってきたら、「あ、ずいぶん年取ったな」と思ってください。特に男性は、おしっこの切れが悪くなって、全部出し切るのに時間がかかるようになります。いわゆる過活動膀胱ないし脳頻尿と呼ばれる症状です。

そしてもう一点が、回数についてです。日本人男性の場合、50代では夜中に1回以上トイレのために起きる人が半数以上、70代では、なんと夜中に3回以上起きる人が男性3割、女性1割というデータがあります。これもやはり、テストステロンが大きく関係していて、テストステロンの数値が低い人ほど、夜中に何度もトイレに起きることがわかってきました。夜間のおしっこの回数の変化こそが、老化のバロメーター。気になる人は一度、泌尿器科や内科に相談してみてください。

column

有名人から学ぶ孤独死④
女優・大原麗子さんの場合

「少し愛して。長ーく、愛して」というウイスキーのコマーシャルなどで一世を風靡した絶世の美女、大原麗子さんが亡くなったときに初めて、マスメディアは「孤独死」という言葉を大々的に使ったように記憶しています。

広辞苑にこの言葉が載った翌年、2009年8月に大原さんは亡くなりました。62歳でした。お一人で豪邸暮らしをしていたそうです。**2週間近くも連絡が取れないことを不審に思った弟さんが、地元の警察署に連絡を入れた**のが2009年8月3日のこと。そして8月6日に、弟さんと警察官が大原さんの自宅に入って、すでにこと切れていた大原さんを発見しています。

大原さんは、右手を伸ばすようにして亡くなっており、その手の15センチ先には、携帯電話があったそうです。鍵がかかっていたので事件性は低いものの、誰にも看取られなかった死は不審死の扱いとなり、ご遺体は警察署に搬送され、司法解剖されました。大原さんは司法解剖の結果、頭の血管が破裂していることが判明。死因は不整脈による脳内出血と判断されてから、荼毘に付されました。

死と直接関係あるかどうかは不明ですが、大原麗子さんは、長い間、**ギラン・バレー症候群**（**急性炎症性脱髄性多発根神経炎**）という神経疾患と闘っていました。ウィルス感染により免疫システムに異常が生じて、末梢神経に障害を起こすことで発症する病気です。我が国の年間発病率は10万人に1～2人で、特定疾患に指定されてもいます。多くの人は、発症から1ヵ月前後でピークを迎え、徐々に回復していきます。経過中に亡くなる方は5％未満というデータもあります。

20代で発病した大原さんは、一度は克服したものの、50代になり再発しました。その後、一度は女優復帰されますが、２００７年に自宅で転倒して重傷を負い、再び芸能活動を休止している中での死でした。

ギラン・バレー症候群と、先の死因にどれほどの因果関係があったかは、わかりません。ましてや、ギラン・バレー症候群≒孤独死≒かわいそう、などという感想を持つことは、大原さんの本意ではないでしょうし、間違った発想です。

大原麗子さんの、美しく華々しい女優人生を振り返れば、かわいそうどころか、大変うらやましい、立派過ぎる人生です。孤独死さえも、美しい姿だけを我々の記憶に留めようとした、大女優としての生きざまだったのかもしれません。

第5章

孤独死回避術はあるのか？

～孤独についての格言～

死は孤独であるかもしれない。しかし、生きているほど孤独であるはずがない。

——アクセル・ムンテ

最も不幸なこと。それは一人ではいられないこと。

——ラ・ブリュイエール

孤独はいいものだということを我々は認めざるを得ない。しかし、孤独はいいものだと話し合うことの出来る相手を持つことは一つの喜びである。

——バルザック

私が孤独であるとき、私は最も孤独ではない。

——キケロ

孤独でいかに暮らすかを知らない者は、忙しい群衆の中でいかに忙しく暮らすかも知らない。

——ボードレール

人間元来一人で生まれて一人で死んでいくのである。大勢の中に混じっていたからって孤独になるのは、わかりきったことだ。

——田山花袋

用事がなくてもラインや電話ができる相手を3人作る

日頃からラインや電話を連絡手段にしている人は多いのではないでしょうか。

また、男性は、「用事がなければ連絡しない」という人のほうが多いでしょう。おっさん同士で頻繁にラインをしているという話は、あまり聞きません。その一方で、仕事を辞めた途端にパッタリ誰からも連絡がこなくなった、というのはよくある話です。

もちろん、人と交流をしなくても、読書や映画鑑賞、釣りなど、一人の時間を存分に楽しんでおられる方も多いもの。作家の五木寛之さんも、『孤独のすすめ』や『孤独の力』といった本で、孤独を恐れず、孤独を友として生きてはどうか、と書いておられます。

生まれてくるときも死ぬときも、人はみな一人なのだから、孤独をそんなに恐れることはない、というのは私も同感です。ただ、将来の孤独死を避けようと思ったら、**「用事がなくてもラインや電話をできる相手」がいたほうがいい**のではないか。

一人暮らしの人は、会社を辞めると、もしものときに気づいてもらえる確率が低くなります。家で倒れていようが、数日どころか、数週間が、ときには数カ月が容易に経ってしまいます。解剖医のもとに運ばれてくるご遺体は、死後1カ月以上経っているものも決して珍しくはないそうです。

日頃からラインや電話で連絡を取り合っておくことが、安否確認の代わりになります。もちろんメールでもいいのですが、ラインであれば、既読マークがつきますよね。半日経っても既読マークがつかないときは、安否確認をするといったルールを作っておけば、より安心です。内容は、他愛もないことでかまいません。「おはよう」の一言でもスタンプでも、その日あった出来事の報告でも、あるいは「阪神、勝ったでー」とか、その日見たテレビの話とか、なんでもいいのです。

つまり、利害関係の絡まない、ただの友人同士のやり取りです。同性でも異性でもいいのです。そういう友人とは絶対に金の貸し借りをしてはいけません。そんなにたくさんはいりません。ただ、1人だと心もとないので、2人以上、できれば3人いれば理想的でしょう。1人の友人に頼り過ぎると、ついつい依存がちとなり、友好な関係が保てなくなります。しかし2人だと、なにかのときに「あっちの味方につくのか？」などとケンカになりがち。3人であれば、ほどよい距離感で、重過ぎず軽過ぎずの関係が保たれるはずです。

60歳からの習い事のすすめ

「用事がなくても気軽に連絡できる友人を3人持とう」と言われても、仕事一直線でやってきた男性にとっては、難しいでしょうか？

「そんな友人がいない人間はどうすれば？」。そう思っている人もいるでしょう。

大丈夫です。定年退職後に「仕事ばかりせずに、もっと友人らと交流を持てばよかった」「会社以外に、居場所を見つけておけばよかった」といった悩みを抱く人は多いものです。ということは、同じように、新たな友人を探している人も多いということ。

定年退職後の友人作りに悩んだら、習い事を始めるのもいいでしょう。

せっかく自由に使える時間ができたのです。自分が本当に興味のあることを始めてみたらどうでしょうか？　ピアノ、ギター、写経、体操、陶芸、囲碁・将棋、書道、英会話――。探すと、いろいろな習い事があります。

興味があるものならなんでもいいのですが、しいて言えば、手先を使うものがおすすめです。手、指を動かすことで脳のトレーニングになり、認知症予防につながるからです。

先ほどもお話したように、料理教室もいいでしょう。料理は、単に手先を使うだけではなく、食材を切りながら、次の手順を考えたり、調理を進めたり、味見をしたり……と、いくつかのことを同時進行で行わなければいけません。認知症予防には、2つのことを同時に行う**「デュアルタスク（ながら動作）」**がよいと言われています。料理は、切ったり洗ったり炒めたりしながら常に段取りを考えなければいけないので、まさに「ながら動作」の連続です。私も、30代のときに離婚して再婚するまでの間の2年ほど、自炊をしていました。簡単なものしか作りませんでしたが、献立を考えたり、買い物をしたり、段取りを考えたり、仕事では使わない頭の使い方をした記憶があります。だから六十の手習いで料理を始めるのは、よいことだと思います。


そして、**習い事はできれば2つ以上**行うといいでしょう。「多動のすすめ」です。タイプの異なる趣味を持つことで、出会う人も広がります。

ゴルフやゲートボール、体操などの体を動かす「運動系」と、陶芸や将棋、英会話などの「文系」のもの。いろいろな趣味を持つことはいいことです（左図参照）。

実は私は最近、ボイストレーニングを始めました。還暦になったときに、皆さんに歌を

中高年が関心のある生涯学習（複数回答）

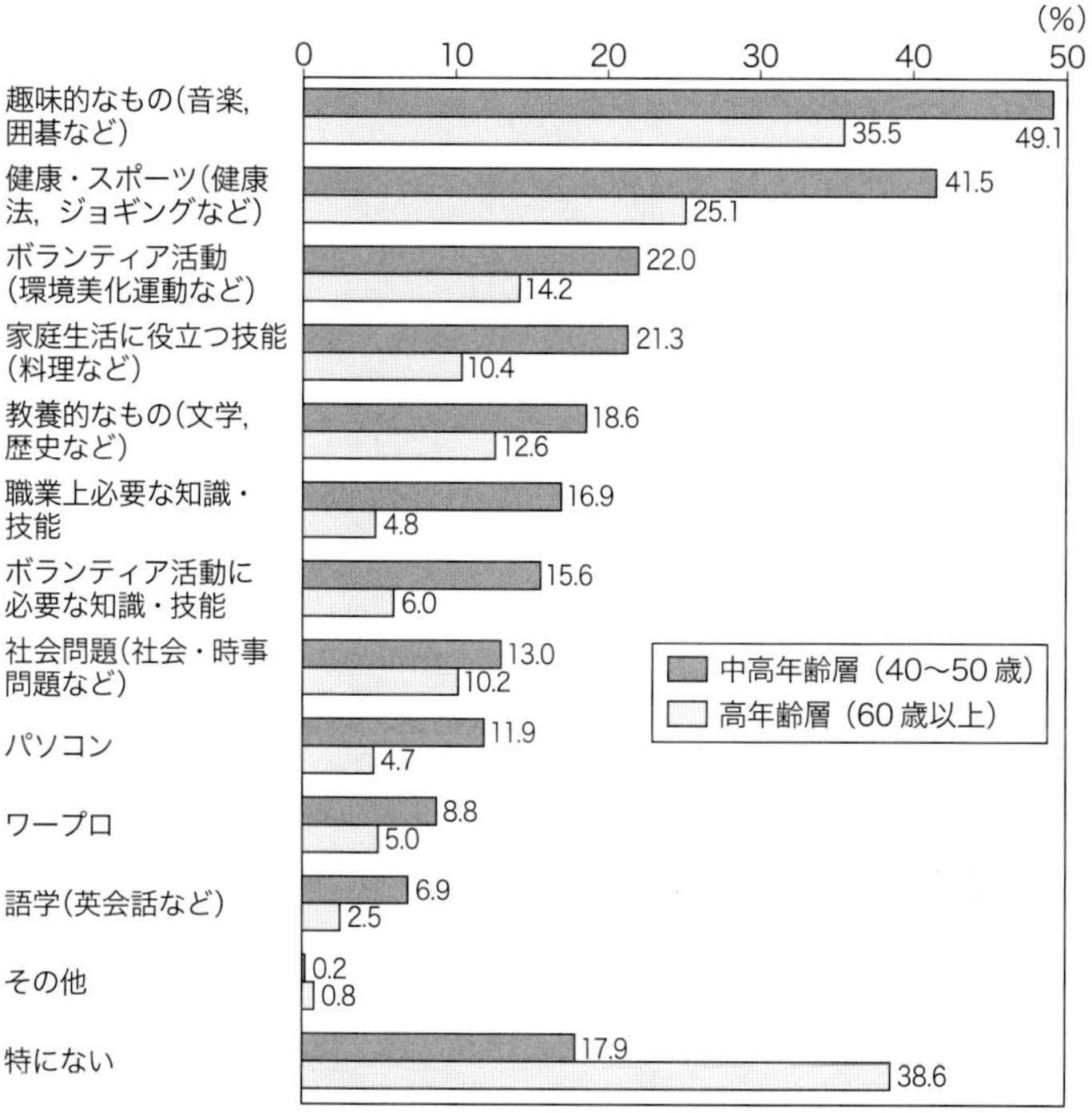

内閣府「高齢社会対策に関する調査」より

披露したいのです。「あー」という声の出し方から、歌の先生に習っています。未だに歌は歌わせてもらえず、発声と呼吸の練習を続けていますが、やはり、自己流でやるのと違い、先生と呼ばれる人に、基本から学ぶことは大事だな、と実感しているところです。

習い事は、共通の趣味の友達を作る場でもあり、定期的に出かけることでフレイル予防にもなります。

フレイルとは、日本語に訳せば「虚弱」ないし「要支援」で、筋肉や活力が衰えている状態のこと。「しんどい」とか「よれよれする」感じです。フレイルという状態がさらに進むと、介護が必要になります。

定年退職をきっかけに社会的に孤立して、すっかり元気をなくす人は多い。六十の手習いは、認知症予防、フレイル予防、要介護予防になり、健康長寿の道へと導いてくれます。

そうは言ってもお金に余裕がないという人は、お住まいの県や市が開催している、生涯学習支援センターに問い合わせてみるのも手です。思いのほかたくさんのイベントや講座を、驚くほど安い値段で探せるはずです。

スナックは近所の友人を作る交流の場

私は時間ができると、近くのスナックに立ち寄ることがあります。ドアを開けると、自分と同じようなおっさんばかりが、カウンターを囲み、ママさんを介して会話をしています。劇場に行っても旅先でも女性ばかりのこのご時世、こんなにおっさんが集まる世界は珍しいのではないでしょうか。

スナックは、私たち男性に唯一残された、貴重な地域交流の場かもしれません。

それに、どんな地域にも、スナックはありますよね。住宅街の中にもポツンとネオンが光っていたりします。電話帳に載っているだけでも全国で10万軒ほどあるそうです。当然、電話帳に載っていないお店もあるので、15〜16万軒あるんじゃないか、と言われています。10万軒だとしても、コンビニの2倍です。

どんな地域にもあって一人でふらりと立ち寄る場所と言えば、喫茶店もありますが、喫茶店では、みんな静かに新聞や本を読んでいて、あまり交流はありません。喫茶店というのは、どちらかと言うと孤独を楽しむ場でしょう。

一方、スナックは交流の場。他愛もない会話を地域の人たちと交わす場です。

初めて入ったお店であれば、最初は恐る恐るかもしれませんが、周りの会話を聞いて、「この人はどんな人なんやろ?」と想像しながら少しずつ距離感を掴んでいきます。お酒も入っているので、ああだこうだと本音でしゃべって、カラオケで盛り上がっているうちに、自然に交流が生まれます。常連さん同志が年に何回か、日帰りバスツアーやバーベキュー、一泊旅行などに出かけるスナックもあります。

その中で、気の合う人に巡り合えれば、友人ができます。この「近所」というところがカギです。孤独死を避けるには、もしものときに家に様子を見に来てくれる友人が近くにいることほど、心強いものはありません。

私は、**スナックというのは、ある意味、日本の貴重な社会資源**だと思っています。全国津々浦々どこにでもあって、飲み放題、歌い放題でだいたい2千~3千円ほどと良心的。

毎週通っても、そんなに懐は痛みません。そして、毎週来る常連さんが急に来なくなったら、「あの人、どうしてるんやろ?」と、ママさんや他の常連さんが心配して、電話をかけてくれるでしょう。**近所の行きつけのスナックでの交流も、地縁の一つ。**スナックに足しげく通っていれば、メル友ができて、孤独死のリスクが減るかもしれません。

今、高齢者のためのデイサービスはありますが、ナイトサービスはまずありません。年寄りはみんな、夜は寝るだけだと思っていたら大間違いで、年を取ったって、夜も楽しんでいいのです。

夕食を食べてテレビを見て寝るという生活もいいのですが、男たるもの、月に1回くらいはスナックに行ってはどうでしょう?

暗くなってからスナックに行くのは、それなりにエネルギーが要ります。疲れていたら、行きたくないでしょう? だから、スナックに行けるということは、元気な証拠。ちなみに、お酒を飲めないのでウーロン茶を飲みながら歌う人も結構います。

元気を保つにも、スナック通いはよいことです。人前で歌うことはもちろん、他の人が歌っているのを聴くだけでも、歌詞を考えたり、メロディーを覚えようとしたり、脳トレになります。ちなみに、そういう意味では、カラオケもおすすめです。朝から開いているお店もあり、夜に比べてかなり安い。**「朝シャン」**ならぬ**「朝カラ」**を楽しめるのは、シニア層の特権でしょう。2時間歌っても一人1000円かからないカラオケボックスがたくさんあります。歌って喉を鍛えることは、誤嚥性肺炎予防にもなりますよ。

さて、スナックに話を戻すと、カラオケの効果だけではなく、年齢も職業もバラバラな人たちと異文化交流をすることでも、脳トレになります。カラオケはクローズドの世界ですが、スナックは常連さんが多いとはいえ、どんな人が来るか、どんな話になるかわからない、**「今このとき、この場」を楽しむ空間です。**

言わば、筋書きのないナイトケアのようなもの。個人的には、国策として、もっとスナックを充実させたら、日本人の健康寿命は延び、孤独死も減るのではないかと思います。たとえば、スナックに介護士さんを派遣してはどうでしょうか。移動が心配な人はデイサービスのように迎えに行き、「最近、あの人来ないわ」と気になったら介護士さんに見に行ってもらう、とか（笑）。

あるいは、介護施設でも、施設内にスナックを開いたらいいのです。どこの介護施設も、消灯時間は8時、9時と早い。中には夕方6時くらいに電気を消すところもあります。それで、「入居者さんが眠ってくれない」「夜中に起きる」と、睡眠薬の処方を頼まれることがあるのですが、早く寝かせようとし過ぎなのです。

介護施設には食事をする場所があるのだから、スナックもできるはず。楽しい空間があれば、人は自然に寄ってくるので、介護施設がスナックを開けば、入居者さんも職員も楽しめて、地域との交流も生まれてとてもいいと思うのですが。

60歳過ぎたら、男の肩書とプライドを捨てるレッスンを

引き続き、スナックの話ですが、たまに、「私は〇〇会社の元役員で」と昔の肩書を引きずったまま、「君はね」「おい」などと、偉そうに振る舞っている人を見かけます。

長い仕事人生の中でずっと肩書を盾に生きてきて、定年退職とともに肩書がなくなり、ただの「おっさん」になっても、なかなかその盾が手放せない人がいる。

スナックという場では、「元〇〇」なんて肩書、なんの意味もありません。

昔の肩書を引きずる人というのは、プライドが高いのでしょう。そういう人は、スナックのような場では嫌われます。友人はできません。地域交流をしたいと思っても、楽しく交われないと思います。

ゴルフにマナーがあるように、スナックにもスナックマナーとでも言うべきルールがちゃんとあるのです。会社名や肩書、ましてや昔の肩書をこれ見よがしに振りかざすのは、

マナー違反。野暮というものです。私も実は、近所のスナックには医者であることを隠して通っています。ボトルキープは偽名でしています。医者というだけで相手に恐縮されたり、距離を置かれたりしてしまうので、黙っていたほうが本音で語れるのです。

余談ですが、外来診療においても、その人のプライドが邪魔になるときがあります。たとえば認知症患者さんの初診では、本人に自覚がないことが多いので、まずはゆっくりと世間話をして、警戒心を緩めてもらうところから始めなければいけません。相手のプライドを傷つけないように、「もの忘れ」という言葉を使うのですが、それでも怒られることもあります。うっかり「認知症」なんて言ってしまったら大変なことになります。

特に大変なのが、医者や教師です。つまり、「先生」と呼ばれる職種。若い頃から「先生」と呼ばれ慣れていて、プライドが高くなるのでしょう。私も気をつけなければ。

「俺のことを誰だと思っているんだ！」と言う男は、男からも女からも嫌われます。

定年退職したら、そこで仕事人生はリセットされるのだから、名刺と一緒にプライドも捨てるべきなのです。スナックに限らず、習い事でも、地域のボランティア活動でも、プライドの高い人ほどやっかいな人はいません。そして、プライドが高い人ほど実は劣等感に苛まれていることが多いのです。第二の人生で新たな人間関係を作り、孤独死を回避するには、余計なプライドも、劣等感も捨ててしまいましょう。

独り暮らしが心配になったらヤクルトを取ろう

　ここではあえて商品名を出しますが、日本人でヤクルトを知らない人は、たぶんいないでしょう。念のために説明すると、ヤクルト社が発売している乳酸菌飲料です。

　昭和10年に販売が始まったそうなので、もう80年以上の歴史があり、いまだに根強い人気があります。在宅患者さんのなかにも、家でヤクルトを取っている人が結構います。

　ヤクルトのよさといえば、安価であり、乳酸菌が腸内フローラを整えてくれるということもありますが、商品そのもの以上に、私は、**「ヤクルトレディ」**と呼ばれる女性スタッフたちが家まで来て、手渡ししてくれることが素晴らしいと思うのです。

　通常は、1週間分や2週間分をまとめての配達になるので、週に1回、あるいは隔週などで訪問してくれるのですが、地域によっては、自治体と協力して「見守り活動」を兼ねて、週3回〜毎日、訪ねてくれます。

　これは、**「愛の訪問活動」**として、1972年に始まったそうです。もう40年以上続いているのです。きっかけは、一人のヤクルトレディさんが、自分の担当地域で、一人暮らしのお年寄りが誰にも看取られずに亡くなっていたことを新聞記事で知り、胸を痛め、同じようにその地域で一人暮らしをしているお年寄りのもとに自腹でヤクルトを届けはじめたことでした。なんと素晴らしい取り組みでしょうか。**ヤクルトレディこそが、地域包括ケアの鑑だ！**と感動しました。

それが今では150近くの自治体に広がり、3500人を超えるヤクルトレディたちが高齢者の自宅を訪問しているそうです。

一人暮らしのお年寄りの家を訪ねて、ヤクルトを届けつつ、玄関口で話をしながら変わりがないか様子を見たり、会えなかったときには郵便物が溜まっていないかなどをチェックしたり。安否の確認が取れないときにはヤクルトの営業所を通して自治体に連絡する。そういう見守りを継続的に行っています。地域によっては、ヤクルト販売会社と警察署が協定を結んでいるところもあるとのこと。

ところで、公的なサービスである介護保険の中には、**「24時間定期巡回・随時対応型訪問介護看護」**というものがあります。これは、日中・夜間を通じて訪問介護と訪問看護を提供し、介護が必要なお年寄りの在宅生活を支えよう、という仕組みです。1日に数回定期的に訪問してくれて、なおかつ、急な体調不良や困りごとにも対応してくれるので、利用者にとっては心強いサービスだと思います。

私のクリニックでも、独居の認知症の人やがんの人など、見守りが必要な人に対しては、24時間定期巡回・随時対応型訪問介護看護で対応しているのですが、ハッキリ言って、ボランティアに近い。とても採算は取れません。

国としては、このサービスをもっと広めていきたいのでしょうけれど、事業所側にとっては、かなり効率的に患者さんの家をまわらなければ採算が取れないので、取り組むところがほとんど増えず、広がっていないのが現状なのです。

それよりも、すでに全国で組織化されているヤクルトレディたちの愛の訪問活動をもっと広げるほうが現実的なように感じます。

実際、具合が悪くなって家で倒れていたのをヤクルトレディが発見したり、ガス漏れに気づいたりといったことは、すでに多数あるそうです。

だから、独り身の人は、**60歳を超えたらヤクルトの購入契約**をしてはどうでしょうか？

特に独り身男性にとっては、ヤクルトレディが、定期的に家を訪ねてくれ、「おはようございます！」と元気に挨拶してくれるのは、うれしいものです。ヤクルトレディをときおり町で見かけますが、皆さん快活で愛嬌がいいですよね。

愛の訪問活動の対象は、一人暮らしの65歳以上や70歳以上など、地域によって違い、そもそも実施している地域も、現状ではまだ限られています。でも、愛の訪問活動を行っていない地域でも、ヤクルトを買って配達してもらうことは可能です。週に1回届けてもらう契約にすれば、毎週、手渡しをしてくれます。

いくら仲のよい友人でも、「毎週、○曜日に私の様子を見に来てね」とはお願いしにくいでしょう。でも、ヤクルトレディだったら、毎週来てくれるんです。

しかも、毎回、同じ担当の人が来てくれるので、その人と仲よくなって、「もし郵便物がたまっていたら、ノックしてね」「在宅医の先生に連絡してもらえる?」などと、お願いしておくのもよいと思います。

ヤクルトが嫌いという人はあまりいませんし、ヤクルトレディは、独り身男性の強い味方です！

本当に優しい女性は、ごみ置き場にいる⁉

「俺は孤独が好きなんだ。だから結婚もしなかった。最期まで自宅で一人で暮らしたい」と思っていても、老化が進み、いざ体力が低下してくると、急に寂しくなったり、不安になったりすることがあります。

一人暮らしが不安になってきて見守りが必要になったときにいてほしいのが、親しいご近所さんです。あるいは、あまり親しくなくても頼れるご近所さん。

かつての長屋のようなアパートの2階に住んでいた一人暮らしのおじいちゃんが亡くなったとき、翌朝見つけて、真っ先に私に連絡をくれたのは、1階に住んでいる知り合いのおばあちゃんでした。

おじいちゃんとおばあちゃんは、夫婦でもなければ、兄弟、親戚でもありません。友人というよりも単なるご近所さんという間柄。もちろん、男女の関係でもありません。

おじいちゃんは、生涯独身だったようで、ずっと一人暮らしだったそうです。友人が不定期に遊びに来るくらい。その代わり、亡くなるちょっと前から、1階のおばあちゃんが親切にも毎日様子をうかがってくれていたのです。

そのおじいちゃんは、末期の肝臓がんで入退院を繰り返したあと、病院の主治医から「これ以上は、治療の余地がない」ということで私に紹介された方でした。徐々に弱っていき、在宅医療を始めて3ヵ月ほど経った頃には、いつ亡くなられてもおかしくないような状態になりました。

それで、「もしかしたら、家で亡くなることがあるかもしれないので、そのときには慌てずに長尾先生に連絡してください」と、事前に1階のおばあちゃんにも伝えていたのです。そして、おばあちゃんはその通りにしてくれました。

最期まで自宅で暮らそうと思ったら、「血縁」よりも「地縁」が大事です。つまりはご近所さんの力、地域のコミュニティーがあれば、独り身でも最期まで暮らせます。

でも、無縁社会と言われる今、先ほどのおばあちゃんのような面倒見のいい優しいご近所さんがいる人は、どれだけいるでしょうか。近所に知り合いさえいないという人もいるでしょう。

そこで、スナックや地域活動で友人を作ることも一つの方法ですが、その他、地域のごみ置き場で自発的に掃除をしている女性がいたら、話しかけてぜひ顔見知りになってほしいのです。

「なぜ、ごみ置き場で？」と思うかもしれません。でも、男性ホルモンと女性ホルモンの逆転現象が起きて、男おばさん、女おじさんが増えている今、面倒見のいい、女性らしい女性は少なくなっています。ご近所でどうやって見つければいいのかと考えたときに、わかりやすいのが、ごみ置き場だと思うのです。

みんなが使うごみ置き場を、自発的に掃除してくれる人というのは、職場でのトイレ掃除を自分からしてくれるようなもの。そういう人こそ、女性らしい女性というか、困った人を見かけたら放っておけずに手を差し伸べてくれるような母性のある人だと思います。だから、ご近所さんの中でもそういう人と仲よくなっておくと、心強いのです。

最初は気恥ずかしいかもしれませんが、まずは「おはようございます」と挨拶から始めて、世間話をして、顔見知りになっておくといいでしょう。そして仲よくなったら、「私、一人暮らしなんです」「何かあったら助けてくださいね」と素直に伝えておく。

それに、そういう女性は、たいてい町の情報通です。いい診療所やヤブ医者情報、どこの薬屋さんがおすすめかなども、ネットで検索するよりもよほど確実な情報が手に入るはずです。

まったく近所付き合いがないまま、独居で寝たきりになったら、マンションの管理人に「おじいちゃん、大変そうだから病院に入院したほうがいいんじゃない？」などと言われてしまいます。だから、あらかじめご近所さんを味方につけておくことが大事です。

私は、**「互助」こそが人間社会の基本**だと考えています。

最期が近づいて弱ってきたら、大事なのは医療よりも見守りです。

そして、誰が見守りをしてくれるのかと言ったら、ご近所さんです。ある程度年を取ったら、ご近所さんと「お互いさま」と言える関係を築ければいいですね。

おひとりさま時代の切り札は、民生委員

また、任務として地域の見守りを行ってくれる人もいます。民生委員さんです。民生委員とは、地域住民の相談に乗ってくれる人で、「厚生労働大臣が委嘱する非常勤の地方公務員」という位置づけですが、基本的には無報酬。言わば、地域福祉に取り組むボランティアです。大正時代から続く制度です。

少子化、高齢化によってご近所のつながりが希薄になっているからこそ、この**民生委員さん**には、今後さらに活躍が期待されています。

私の患者さんの中にも、民生委員さんに支えられつつ、一人暮らしを続けている人が何人かいます。

ある一人暮らしの在宅患者さんところには、3軒隣に住んでいる民生委員さんが朝晩2回、ごはんを届けて、見守りを続けてくれていました。最期のときに発見してくれたのも、

その民生委員さんでした。

民生委員さんは、各地域に必ずおられます。わからなければ、近所の人に訊ねてください。それでもわからなければ、役所に聞けば教えてくれます。

すぐ隣というわけにはいかず、数百メートル先に住んでいる人かもしれませんが、担当する地区で困っている人のお世話をするのが民生委員さんの役割です。

後期高齢者と呼ばれる年代になれば、ご近所さんや民生委員さんに好かれる人になったほうが絶対に得をします。特に、自費のサービスをふんだんに使えるほどの経済的余裕はない、かといって生活保護を受けるほどでもないという中間層の独り身の人ほど、ご近所さん、民生委員さんの助けが役立ちます。

ところで、もう10年前の話になりますが、兵庫県伊丹市の民生委員児童委員連合会が、公費を使って、民生委員や児童委員（民生委員と同じように、地域の子どもたちの見守りを行う人）を連れて、研修目的で温泉旅行などに行っていたとして、地方新聞に批判記事が掲載されたことがありました。

それを読んだとき、「なぜ、こんなものを記事にするのだろう」と思い、新聞社にもそう伝えました。伊丹市にも「謝る必要はない」というメールや手紙を送りました。
先ほども伝えたとおり、民生委員というのは（児童委員も）無報酬のボランティアなのです。ボランティアで地域のために活動してくれる人たちの士気を高めるために、研修がてら温泉に行ってもいいと思いませんか？　温泉だけでは許されないのなら、「こういう人を見つけたら、気にかけましょう」とか「孤独死を防止するにはどうすればいいのか」とか、旅行の中で講師を呼んで、勉強の時間もがっつり持てばいいのです。

一人暮らしの高齢者が増えている今、民生委員さんの役割はとても大きくなっています。尼崎でも、民生委員さんが近所の人たちの面倒をよくみてくれているのです。言わば、地域の宝です。民生委員さんというのは、地域の人たちの世話係を自ら買って出て、しかもボランティアで行ってくれているのですから、もっと大事にしていかなければいけないと思います。

民生委員・児童委員とは？

皆さんがお住まいの地域に、民生委員・児童委員と呼ばれる方々がいるのをご存じですか。「民生委員」は、民生委員法に基づいて厚生労働大臣から委嘱された非常勤の地方公務員です。社会福祉の増進のために、地域住民の立場から生活や福祉全般に関する相談・援助活動を行っており、創設から今年で 100 年の歴史を持つ制度です。また、すべての民生委員は児童福祉法によって「児童委員」も兼ねており、妊娠中の心配ごとや子育ての不安に関するさまざまな相談や支援を行っています。核家族化が進み、地域社会のつながりが薄くなっている今日、子育てや介護の悩みを抱える人や障害のある方・高齢者などが孤立し、必要な支援を受けられないケースがあります。そこで、民生委員・児童委員が地域住民の身近な相談相手となり、支援を必要とする住民と行政や専門機関をつなぐパイプ役を務めます。また、委嘱を受けた民生委員・児童委員の身分や条件は以下のとおりです。

身分：特別職の地方公務員（非常勤）

報酬など：ボランティアとして活動するため給与はなし。ただし、必要な交通費・通信費・研修参加費などの活動費（定額）は支給。

任期：3 年。再任も可能。 また、民生委員・児童委員の活動は個人の私生活に立ち入ることもあるため、活動上知り得た情報について守秘義務が課せられています。この守秘義務は、委員退任後も引き続き課されます。 平成 29 年 3 月末現在、全国で約 23 万人の民生委員・児童委員が活動しています。

もしも子どもから同居を打診されたら？

遠くに住む子どもから同居を提案されたらどうするか。悩まれる人は多いと思います。

「一人暮らしは心配だから、こっちに来て一緒に暮らさない？」

その親を思う気持ちが、いい方向に傾くかと言うと、必ずしもそうとは限りません。

年を取れば取るほど、環境の変化は大きなストレスになります。慣れない遠くの土地に転居すると、むしろ、寿命を縮めることとさえあるのです。

最近、高齢者にもうつ病が増えています。身近な人との死別や、自分や身近な人の病気に加えて、住み慣れた自宅を離れることも原因の一つです。

人は、昼間はどんどん外に出て移動して、刺激を受けることが大事。でも、寝る場所は同じなのが一番です。年を取ってからねぐらが頻繁に変わると、短命になる人もいます。

人間というのは、動物と同じで帰巣本能があり、自宅に帰ると落ち着くのです。

たとえば、古くなったアパートに一人で住んでいて、都会の一軒家に住む長男が同居を申し出てくれた。せっかくの優しい申し出を断るのは申し訳ないからと、子どもを頼って引っ越しを決意したとします。

はたから見ると、「きれいな家に住めてよかったね」「優しいお子さんでよかったね」と思うでしょう。それこそ、「孤独死にならなくて済むね」とも。

でも、環境というのは本人が心地よいかどうかで善し悪しが決まります。長年住んできた家というのは、古くなっていても不便でも年月をかけて自分が「心地よい」と感じる環境に作り上げられているわけです。それを変えるのは、あまりよいことではありません。

たとえ最期のときに家族に囲まれて旅立てるとしても、それまでにどう生きるか、どんな毎日を積み重ねていきたいかのほうが大切ではないでしょうか。可愛い孫も、たまに会うから愛しいのであって毎日顔を合わせていたら、お互いげんなりするでしょう。

生活は環境で作られるため、長年慣れ親しんだ住環境を変えないのが一番。私はそう思っています。

もしもこの本を、独り身の親を心配する子どもさんが読んでくれているとしたら、何より本人の意思を尊重することをお願いしたい。それが一番の親孝行です。

ただし、頻繁に連絡は取り合うこと。

先日、お看取りさせていただいた80代半ばの男性は、一人暮らしで、海外で生活する二人の子どもたちと、毎晩のようにＳｋｙｐｅ（スカイプ）を使って会話をされていました。リアルタイムで顔を見ながら話せるので、物理的な距離が離れていても、心理的な距離はなくなります。

私も、お看取りの方針などを海外在住のお子さんたちと相談するときには、**テレビ電話での話し合い**を行うこともあります。

何千円もかけて国際電話で話していた時代を思うと、ＩＴの進歩は素晴らしい。そうしたＩＴツールを活用して安否確認をすることと、安否の確認ができないときに在宅医療や介護のチームに連絡が取れるようにつながっておくことが、遠くに住む家族にお願いしたいことです。

恋のときめきがあれば、孤独死しにくい

今、ドラマや映画の主役は、若い人ばかりです。恋愛ドラマ、恋愛映画となると、なおさら若い役者さん同士の物語になります。恋愛は若者のものだと思われがちですが、そんなことはありません。

いくつになっても、ときめく心は大切です。倉本聰さん脚本のドラマ『**やすらぎの郷**』（2017年）が大ヒットしたのも、高齢者の恋とときめきを、美しく上品に描いたからに他なりません。

若い人たちの恋愛が生殖目的だとすれば、お年寄りの恋愛は、アンチエイジングそのもの。免疫力を高めて病気を防いでくれ、相手のことを考える想像力を掻き立て、脳を心地よく刺激してくれます。相手から結婚を迫られて悩むこともまずないでしょう。

そして何より、人は生きがいなしには生きていません。

恋愛は、まさに生きがいになります。

「あの人のことを考えたら、楽しくなる」とか、**「明日、あの人と会えると思ったら楽しみだ」**とか、そういうちょっとした希望、楽しみを持つことが大切。

だから、異性との恋愛でなくてもいいのです。友人や、単なる知り合いでもいいのですが、「この人と話していると楽しい」「会うのが楽しみ」という人がいることが、生きる張り合いになります。

最近、アンチエイジングではなく、**「エンジョイエイジング」**という言葉が使われるようになりました。アンチエイジングは直訳すれば「抗加齢」、加齢や老化に抗うという意味ですが、エンジョイエイジングは、年を重ねることを楽しむという意味です。

いくつになっても、恋愛や〝恋愛のようなもの〟を楽しみ、ときめく心を持つことは、まさにエンジョイエイジングではないでしょうか。老人ホームでも、同じ利用者さんの中に好きな人がいるおじいちゃん、おばあちゃんはすぐにわかります。まるで高校生カップルが放課後待ち合わせるようにして、応接間で好きな人が来るのを待っているときの表情は、まさに少年少女そのものです。**恋をすると、男性は男性ホルモンのテストステロンが、女性は女性ホルモンのエストロゲンが多く分泌されることがわかっています。**

いつまでも若々しい芸能人は、やはり、このときめきを忘れていないのだと思います。

たとえば、みのもんたさんは、「夜の帝王」なんて言われることがあるように、銀座の高級クラブを一晩に何軒もハシゴされることは有名な話です。すごい体力と気遣いだと思います。クラブという場所は、社交場です。きらびやかな店内で、香水をまとって、きれいに着飾っている女性たちを相手に、会話で満足させなければいけないのですから、ときめきを感じるとともに、すごく疲れると思うのです。それを、**一晩に数軒ハシゴする**なんて、どれだけタフで頭もしっかりしているのか。ボケていたら、クラブには行けません。

だから、普段はスナックで他愛もない会話を楽しみ、たまに高級クラブと言われるような緊張感のある場に身を置いて、揉まれてみるのもいいと思います。

私も、普段はスナックばかりですが、数年に一度、先輩に高級クラブに連れて行ってもらうこともあります。毎回、「うれしい」が半分、「怖い」が半分という感じです。慣れない環境に身を置いて、〝クラブに来る客〟を演じています。みのもんたさんだって、「みのもんた」という豪快な人物を演じているのではないでしょうか。

そういう緊張感のある非日常の時間をたまに持つことも、ちょっとしたアクセントになり、心身によい刺激を与えてくれます。

何より、みのもんたさんに関して言えば、長年連れ添った奥さんを先に亡くされていますから、銀座に行かなくなったら、それこそ孤独死されるのではないか、と心配です。

1日、10人と話して暮らそう！

年を取ると、なかなか人に声をかけられなくなります。そして、声をかける機会もなくなります。そのままにしていると、本当に社会と孤立して、どんどん寂しく、孤独になっていくものです。

フィットネスクラブを覗くと、どこも周りは高齢の女性ばかり。見ていると、高齢の女性たちは知り合い同士で来ているようで、挨拶を交わしたり、楽しそうに話したりしています。でも、男性はというと、みんな一人。一人で来て、黙々と運動をしています。ただ、たまに、若い指導員のお姉さんに声をかけているおじいさんも見かけます。声をかけるという行為は、孤独死防止の観点からも大事なことです。

コンビニの店員さんでも、散歩していてすれ違った人でも、「おはよう」とか「ありがとう」とか「犬、かわいいね」とか、そんな何気ない一言でいいので、声をかけてみる。そのちょっとしたやり取りで、少し前向きな気分になって、1日の過ごし方が変わってきます。もし生活に余裕があれば、犬を飼ってみるのもオススメです。犬の散歩に毎日出かければ自ずと歩く習慣もできますし、散歩道で、飼い主さんとの交流が生まれますから、1日10人なんて、楽勝で会話ができるでしょう。ただし、今から子犬を飼ったら自分が先に死んでしまいそうで責任が持てないと思うなら、保健所などから成犬を貰い受けましょう。捨てられた犬の命を救い、その犬のおかげであなたの命が延びるなんて、素晴らしいことだと思いませんか。

1日10人、もしも10人が難しければ5人と、あいさつ程度でも構わないので、誰かと接点を持っておきたいものです。

仏教では、余計な欲は手放しなさい、と説きます。

しかし、まったくの無欲になったら、人と話そう、誰かと会おう、どこかに出かけようという気持ちもなくなって、うつになってしまいそうです。とはいえ、強欲でもいけません。「スナックが交流の場だ」と言っても、毎晩通っていたら、お金が足りなくなったり、アル中になったりするかも。だから、**「適度」や「中庸」を心がける**といいでしょう。

ゆるやかに人とつながりつつも、独りを楽しむ。

そういう毎日を送ることができれば、自分の人生を生ききり、孤独死を避けることができます。

「孤立死」年間1万7000人超
19道県と東京23区 読売新聞調査

読売新聞2017年10月29日付朝刊より

昨年1年間に誰にも看取られず自宅で亡くなった一人暮らしの人の人数について、読売新聞が全国47都道府県警と東京都監察医務院に取材したところ、**19道県と東京23区で約1万7000人に上ることがわかった。**

こうした「孤立死（＊）」に関する統計は従来、特定の自治体だけの数値や民間の研究機関による推計値しかなく、公的機関が把握する実数が一定規模で明らかになるのは初めてとみられる。

「孤立死」の法的な定義はなく、国による全国規模の調査も行われていない。読売新聞は今回、東京23区で起きた事例の調査、分析を長年行なっている同医務院の定義を参考に、「自宅で死亡し、警察が検視などで関与した独居者（他殺、自殺を除く）」を孤立死と位置づけ、人数を全国47都道府県の警察本部に確認した。

これに対し、神奈川、静岡、奈良、和歌山、岡山、香川など19道県警から数値の回答があり、これに同医務院が把握している東京23区分を合算した。他県警などからは、統計の取り方の違いなどを理由に、条件に合う数字を得られなかった。合算の結果、昨年1年間に19道県と東京23区で孤立死した人は計1万7433人（鳥取、広島、山口の各県警は概数で回答）で、65歳以上が7割超の1万2745人（同）を占めた。これらの地域での死亡者数全体に占める孤立死者数の割合は、約30人に1人に当たる約3・5％で、最も高かったのは東京23区（5・58％）、低かったのは佐賀県（2・12％）だった。

19道県と東京23区での全死亡者数は全国の約38％を占めており、これを基に昨年1年間の全国での孤立死者数を単純計算すると約4万6000人となる。

また、2012年以降の孤立死者数が把握できる東京23区と神奈川、静岡、岩手の各県で年ごとの推移をみると、16年の合計人数は12年から計639人（約8％）増えた。

同医務院のデータを基に、**東京23区で昨年に孤立死した人の傾向を見ると、性別では男性が7割を占める。最も多かった年代は、男性が65〜69歳（約19％）、女性は85歳以上（約29％）だった。死因は全体の約半数が虚血性心不全などの循環器疾患で、多くが突然死とみられる。**

孤立死の実態に詳しい日本福祉大の斉藤雅茂准教授（社会福祉学）の話「公的な数字を基にした規模や傾向が判明した意義は大きい。孤立死した人の多くは周囲に助けてくれる人がいなかったり、介護などに関する情報を得る機会を失っていたりした可能性が高い。政策の前提として国による全国的な実態把握が必要だ」。

＊孤立死

自宅で誰にも看取られずに亡くなるケースを指すことが多い。明確な定義はなく、遺体発見までの期間や自殺を含むかどうかなどの点で、自治体間でばらつきがある。「孤独死」が使われることもあるが、「孤独」には主観的な意味合いが強く、「故人の心情を判断するのは難しい」との指摘がある。複数人が孤立状態で亡くなることもあり、厚生労働省は「孤立死」を用いている。

19道県と東京23区の「孤立死」（2016年）

※広島、山口、鳥取各県の「孤立死」の人数は概数。
※死亡者数は昨年の厚生労働省「人口動態統計」に基づく

	人数	死亡者に占める割合（%）
東京23区	4287	5.58
神奈川県	2947	3.80
北海道	2155	3.48
静岡県	1019	2.59
広島県	1000	3.33
宮城県	772	3.29
群馬県	646	2.91
岡山県	638	2.96
山口県	630	3.43
岩手県	409	2.41
香川県	362	3.03
奈良県	361	2.56
高知県	354	3.43
和歌山県	335	2.65
滋賀県	298	2.38
山梨県	286	2.99
富山県	275	2.13
徳島県	262	2.65
佐賀県	207	2.12
鳥取県	190	2.58
19道県・東京23区の合計	1万7433	3.49

巻末特別対談

解剖台に乗らないためにできること

西尾元×長尾和宏

所得格差、学歴格差、地域格差、健康格差――。いろいろな格差がありますが、「死体にも格差がある」とおっしゃるのが、今回、本書のために対談をお引受けいただいた、兵庫医科大学・法医解剖医の西尾元先生です。

私は生きている人を診る医者ですが、西尾先生は死んでいる人を診る医者。『死体格差――解剖台の上の「声なき声」より』（2017年／双葉社）という本の著者でもあり、2017年秋に、私が神戸で開催したシンポジウム〈独居高齢者の在宅看取りはどこまで可能か〉に、講演者の一人としてご出演していただき、すっかり意気投合しました。

死は、必ず誰にでも訪れるもの。しかし、死は平等ではない――。

「高級住宅街からは、孤独死はほとんど出ません」と西尾先生は言います。一方で、私のクリニックがある尼崎のような下町からは、いっぱい出るそうです。経済格差が死体格差まで生んでしまっているというのは、とても悲しい現実です。そしてもう一つの格差が、性差です。「孤独死のほとんどが男性です」と西尾先生は確信を持ってそう言いました。

私が知り得ない、男の孤独死の裏側を教えてほしくて、今回本書の出版にあたり、対談をお願いした次第です。生きた人間を診ている医者と死んだ人間を診ている医者による、「孤独死」対談です。

法医解剖医という仕事

長尾　まずは西尾先生の自己紹介をお願いします。

西尾　はい。私は大阪出身で、香川県に当時新設された香川医科大学に入学しました。その四期生です。卒業してすぐに法医学にかかわったわけではありません。大学にいるときから私はかなりの変わり者でして（笑）、研究がしたくてたまらなかった。それで、香川の大学を出たあとに留学もしまして、帰国したときにポストがなくてですね……それで大阪医科大学の法医学部を紹介されたことが、この仕事を始めたきっかけです。そこから20年あまり法医学一筋で、今は兵庫医科大学でやっています。

長尾　では、法医学を始めるまでは普通の臨床医だったのですか？

西尾　大学を卒業して1年間は、内科の病院で研修して、その後、その病院で週1回ほど働いていました。働きながら基礎系の大学院に行きまして、研究ばかりしていました。

長尾　死亡診断書を書いたことはありますか？

西尾　研修時代に、せいぜい2、3通ですね。

長尾　今、西尾先生が書かれるのは死体検案書ですよね？

西尾　そうですね。実際に解剖したかは別として、今までに3000枚は書いています。

長尾　僕は臨床医として、今までだいたい2000枚以上死亡診断書を書いてきたので似たような数ですね。今、西尾先生は、ほぼ毎日遺体を解剖しているのですか？

西尾　毎日解剖があるときも、一週間ないというときもあります。

長尾　つまり、西尾先生のお仕事のスタンスとしては、いつも「待ち」の状態のわけですね。解剖の依頼は、警察から連絡がくるのですか？

西尾　そうですね。大学によって対応は違うと思うのですが、警察には検視官という、解剖の必要があるかどうかを判断する仕事の人がいるので、その検視官の方から連絡がきます。警察が、現場で死体をみて、解剖の必要があると判断すると、科捜研というところを通すのが通常の流れです。私たちは、現場から、どういう状況の死体があるのかを直接メールしてもらうことになっています。解剖の必要性がないと判断すれば、警察医が現場に呼ばれます。それで、その場で死体検案書を発行しているのだと思います。

＊警察医とは？　警察の捜査に協力する医師のことで、主に検案として死因不明の遺体を調べて死因を医学的に判断する業務を行なう。死因を確認して異状が認められない場合は、死体検案書を作成する。警察医は、通常時は警察署に常駐しているわけではなく、警察署が置かれた地域で、内科または外科を専門とする医師の中から選ばれている。また、留置所に留置された容疑者の健康診断などを行なうこともある。

長尾　先生ご自身は警察医ではないのですね？

西尾　違います。だから、僕は亡くなっている人がいる現場に行ったことはありません。僕の仕事は、警察から解剖してくださいと言われた死体を解剖することなんです。

長尾　今、先生のような肩書きの先生は全国にどのくらいいるのでしょうか？

西尾　法医学会が認定した医師は全国で150人ほどですね。実は私は、第一回の認定医試験に合格した一人です。でも、そのときの受験者数は3人でしたから。今も、受験するのは毎年数人ほどだと思います。

長尾　なりたがる人が少ないのですか？

西尾　そうですね。なかなか、なりたがりませんよね……。

長尾　59歳の臨床医の私が、今から法医学会の認定医になりたいと思って応募したら、試験に通るのでしょうか？

西尾　かなり勉強しないと難しいでしょうね。現場に行っても何をしていいのかわからないかもしれませんよ（笑）。私のやっていることは臨床とはまったく違うものなんです。

死因を断定すればそれでいい、というものではないのです。

長尾　経験を積み重ねていかないと、なかなかできるものではないのですね。

西尾　そう思います。僕も認定医試験を受けたときは、大学卒業から8年も経っていたので大変でした。しかし、幸か不幸か大阪医大では解剖数が多かったので、いろいろな死因の解剖経験が短時間で得られました。地方の大学によっては年間30体、というところもある中で、大阪医大は年間120体くらいの解剖がありましたから。やはり、数をたくさんこなせば、勉強にはなります。4〜5年もやれば、まあ、なんとなく、できるようにはなってきます。法医解剖では、死因を決めるときに、肉眼的なものも重要視するんです。病理みたいに顕微鏡で見てみなければわからない、というわけではない。解剖して肉眼で見たときに、死因というのは大体決着がつくんです。そういう意味では、慣れてくると面白みはありますね。

長尾　まずご遺体が解剖室に来たら、からだ全体を舐めるように見るわけですね。

西尾　そうです。まずは離れたところから最初に見ます。解剖台の近くに行ってしまうと、全身の印象を把握するのが難しくなりますから。死因にもよりますが、法医解剖の一つの目的は、犯罪の有無について調べることなのです。

長尾　犯罪に巻き込まれた遺体かどうか、ということですね。

西尾　はい。日本で殺害手段として一番多いのは、首を絞めるということなんです。首を絞められたときにどういう所見があるのかが、法医学では非常に重要です。そのときに一番診断的な価値が高いのが、圧迫した痕跡があるかどうか。ですから、まず、ご遺体が運ばれてきたら、首のあたりをよく見ますね。でも、たとえば交通事故でひき逃げされた場合、これも犯罪死なので解剖の対象になるのですが――そうした場合は、全身にたくさんの怪我をしていることが多いけれど、それをいちいち見ることにあまり意味はないんです。まずは遠くから遺体を見て、体のどのあたりに傷があるのか？　傷の分布がどうなっているのか？　体の右か左のどちらに傷が多いのか？　「損傷機転」と言うのですが、どうやってぶつかったのかという事故の状況を考えるために必要なポイントを見ていきます。

長尾　解剖して死因が判明したときは、やはり気持ちいいものでしょうか。

西尾　解剖を始めるときにはわからなったことが、解剖していて実はこう亡くなったのではないかとわかるときがあるんです。先日も、滝の下で亡くなっていた人が運ばれて来ました。頭の前の部分の頭蓋骨が骨折しています。そして背中の肋骨が骨折していました。解剖してみると、背中の肋骨がひどく折れている。そして背中の肋骨が骨折しているところには、出血がたくさんあったんです。

出血があるということは、骨折したときに生きていたということです。しかし頭蓋骨の骨折には、ほとんど出血がなかった。つまり、この人の場合、死んだあとで頭蓋骨を骨折したと推測される。頭蓋骨の骨折は、高いところから落ちてできたものだというのはすぐにわかったのですが、背中の骨折と頭の前のほうの骨折を同時にしたとは考えにくい。そんなことを推測しながら解剖していくわけです。

それで、つまりこの人は2回落ちたのだとわかりました。1回目に落ちたときに、背中の肋骨をぶつけ、その後、バウンドして（死亡したあとで）頭蓋骨をぶつけたわけです。確認すると、その滝には確かに、2回ぶつかるようなところがあった。そういうことがわかったときは、ある程度、頭がすっきりするというか、仕事においての満足感はありますよね。

長尾　解剖しながら推理していくのですね。でも、医者と言えども人間ですから、感情移入することも当然ありますよね？

西尾　はい。だからこそ、あまり個々の事情や症例について立ち入らないようにしています。あまり個々の事情に立ち入ると、辛くなることもありますから。

長尾　解剖していて、かわいそうで涙が出たような経験は？

西尾　ありますね、子どもさんが亡くなっている場合などは。

孤独死の定義ができない理由

長尾　なるほど。では、そろそろ本題に入りましょう。今日は「孤独死」について伺いたいのですが、孤独死の人が警察沙汰になって、解剖されるのは、どれくらいの割合なのでしょうか？

西尾　「孤独死」の定義がはっきりしていないんですが、私のところでは、解剖する人の半分くらいは一人暮らしの人です。

長尾　ちなみに、厚労省は、「孤独死」ではなく「孤立死」という言葉を使うようにと言っています。先生としてはどうでしょうか。市民感覚的には「孤独死」の方がわかりやすいと思うのですが。

西尾　これは個人的な印象ですが、「孤独」という言葉を使うと、ネガティブな感じがするでしょう？　つまり、一人で暮らすことが「孤独」でかわいそうなのかと。

一人で暮らすことは、何も悪いことではないですよね。孤独とも限りません。

家族と同居をしている人でも、ストレスを感じるような相手と過ごすことによってね、血圧が上がって、脳出血で亡くなる人は世の中にたくさんいると思います。だから、一人暮らしの方がストレスがなくて、長生きできているような人もいると思うんです。

孤独死という言葉が世の中に氾濫していますが、一人暮らしであったために亡くなって解剖された、ということを説明するならば、「孤立した死」というニュアンスのほうが、マイナスイメージが少なくてよいように思います。

長尾　確かに、孤独という言葉を差別的にも感じる人もいるかもしれませんからね。大阪・神戸の都市部でのデータでは、在宅死のうち、警察が介入するケースが約半数なんです。東京都は6割です。2017年10月の読売新聞の調査では、全国で17000人が孤立死しているとのことでした。

ただ、警察介入死≒孤立死ではなくて、警察介入死のうちのほんの数パーセントが孤立死。警察介入死が100あるとして、先生のところに回って来るのが10、そのうちの5が孤立死、みたいな感じでしょうか。

西尾　そうですね。誰かと同居していれば、死後1日以内に見つかることが多いです。しかし、たとえ同居していても、家族が働いていたり、出かけたりしている間、日中は一人でいる、つまりほぼ一人暮らしと同じ状態という人もいますよね。それでも、その人たちは独居としては扱われませんから、孤立死という扱いにはならないですよね。

長尾　そういう背景があるから、国は孤立死を定義づけできないのでしょう。先の読売新聞の、1万7000人が孤立死しているというのは、西尾先生のような法医学の先生の目に触れた人数が1万7000人ということなのでしょうね。

西尾　そういうことでしょうね。

俺にかまうな！　と言う男たち

長尾　先生が診ている孤立死の男女比はどれくらいですか？

西尾　私どもの施設では男性が7、女性が3ですね。これは東京の監察医の報告とほぼ同じです。年齢層は男女で比べて見ていないのでわかりませんが。

長尾　東京の報告を見たら、男性は若いんですよ。女性は80歳くらいで、男性はそれより10歳くらい若くて、60代から70代が多い。

西尾　男性の場合は、50～60代で一人暮らしになると孤立死しやすくなるんです。一人になったときの生活力というものは、やはり女性の方が優れているように思います。掃除や料理といった日常生活のことに関してね。昨今は、男性でもそういうことをこまめにやる人は増えていますけど、生活力全般が劣っている人が多いので……。

長尾　奥さんに食事のすべてをお任せしてきた人は、一人になると、とたんに栄養状態が悪くなったりね。アルコールも大きなリスクファクターです。

西尾　そうですね。アルコール依存症の人は、一定数、解剖に運ばれてきます。大抵は男性ですね。

長尾　仏さんが生前、アルコールを飲んでいたかどうかというのは、警察の方から報告があるのですか？　酒ビンが転がっていたとか。

西尾　私は、亡くなった方の生活形態に興味があるので、飲む人なのか、飲まないのか、一人暮らしなのか、違うのかなどを警察の人に聞いて記録しているんです。また実際に、亡くなった人の血中アルコール濃度は測っています。男女差まではデータにしていませんが、総じて解剖になった人の3割くらいからはアルコールが検出されています。

長尾　血中アルコール濃度って時間の経過とともに下がっていくものです。生きている人は。でも、死んでしまった場合は……？

西尾　アルコールは肝臓で代謝されます。亡くなった場合は代謝がその時点でストップするので、血中アルコール濃度は固定されて変わりません。

長尾　アルコール依存症で突然亡くなるということは、恐らくは、アルコールを飲んで不整脈が出たということですよね。直接的には不整脈死になるのでしょうか。

西尾　不整脈で亡くなったかどうかは、解剖して止まってしまった心臓をいくらみてもまったくわかりません。消化管出血で亡くなっている人が多いように思います。

長尾　ああ、食道静脈瘤とか胃潰瘍からドバッと出血したときは、解剖でもわかりますよね。そのままショック死しちゃった場合ですね。

今日の本題は男の孤独死ですが、私がやっている在宅医療の患者さんで独居の方は、ほとんどが女性であることに気がつきました。いえ、介護施設でも、クリニックの外来でもほとんどが女性の患者さん。男性は何処へ行ったんだ？　と不思議なくらいです。

西尾　男性は家に閉じこもってしまう。女性の方が外へ出て行ったり、友達を作ったりするのがうまいですよね。僕も、ときどきカルチャーセンターとかで講演することがあるのですが、女性のお客さんが多いですよね。男性はなかなか出てこない。必要な医療も受けずに、一人でじーっとしている人が多いんだと思います。

長尾　男性の一人暮らしの場合、かかわろうとしても拒否というか、放っておいてくれ！と言われます。生活保護の人でも、それを言われたら無理やり自宅に入るわけにもいきませんしね。ケースワーカーが行っても「帰れ！」の一点張り。そういう場合は、生存確認だけチラッと見て帰るだけになってしまいます。それも、1ヵ月に1回くらいだから、結果的に先生のところで解剖のお世話になってしまう……。だから、男性に孤立死が多いのは、仕方ないと思うのです。オスの特性なのでしょう。個で動く、群れない。コミュニケーションが下手。オスとメスでこんなに違うものかなと思います。しかし、男性は女性より寿命が短いうえに孤独死もしやすいなんて、哀れなものですね。

西尾　生活が荒れることで亡くなるというのはほとんどが男性です。生活保護を申請できる状態でも、それすらもしていないのです。女性にはそういう人は、あまりいないですね。

長尾　生活保護を受けられるのに受けずに孤独死。お国にとっては都合のいい死に方です。

西尾　生活保護を受給する人のことをあまりよく思わない人もいるようですが、僕らが診る人は、経済的によくなくて、社会から孤立してしまっている人が多いです。

長尾　医療費は使わない、介護費も使わない、生活保護も申請しない、国にまったく迷惑をかけない……。孤独死を好き好んで選んだわけではないだろうけど、確かに先生がおっしゃるように潔い、ある意味、すごいいい死に方ではないかなとも思ってしまいます。ご高齢の女性の患者さんはよく、「死にたいけどお迎えが来ないの」と言います。でも、男性でそういうふうに言う人は、あまりいないですね。あと、凍死の人も多いと先生の本に書いてありましたが。

都市部でも凍死する人がいる

西尾　一人暮らしでの凍死が、都市部でも何人もいます。ガスも電気も止められて凍死する人もいれば、経済的には困ってなかったけど、心筋梗塞や脳梗塞になったときに一人暮らしのために助けを呼べず、暖房器具もあるのに意識がなくてつけられずに凍死するという場合もあります。

長尾　それは無念の凍死ですね。もしくは、半分望んで、納得の凍死とでも言うのでしょうか。ご本人も、しゃあないなと思いながらじわじわと、あえて死んでいくセルフ・ネグレクトというか。そういう状態で凍死した人も中にはいるのでしょうか。

西尾　僕たちは、凍死かどうかという死因を決めることに集中するので、あまりその背景までは追求しません。価値観の問題というか、一人で死ぬ危険性はあっても、あえてそうして生きていくと思うのか、やはりそういう死に方は嫌だと思うのかは人によるのだと思います。

長尾　孤独死の多くは、穏やかな死とも言えます。病院でチューブ人間にされているわけでもないし、もがき苦しんで逝くわけでもない。人によっては1、2時間は苦しんだかもしれないけど、何日も苦しむわけではない。平穏死と言えば、平穏死なんです。

西尾　どうなんでしょうかね。ただ、亡くなったあとに、解剖されることをよしとするかどうかは微妙でしょう。死んだあとの自分の体にメスを入れられるというのは、一般的にはあまり望まれません。

長尾　絶対に嫌だなあ。私ね、お棺の中に入るのが趣味なんです。数年前、台湾でも入ってきました。縁起悪いとか言われるけど、なんとも思わないんです。抵抗がないです。

だけど、解剖台に乗るのは避けたいと思っているんです。お棺は100％の人が入るけど、解剖台は全員が全員乗るわけではない。僕は将来、解剖台に乗らなくて済む方法を考えなくちゃなと思っています。

西尾　限度問題ですけど、解剖台に乗らなくて済むような暮らし方をしようというのはある。解剖するかしないかは警察が決めることですが、ある程度は気をつけることによって、解剖されないような状況になるように頑張ることはできますね。

長尾 そもそもですが、解剖というのは、解剖台に乗ること？　それとも切られること？

西尾 同じことです。解剖台に乗ったら必ず切られますから。メスが入らないのは、白骨になっている人だけ。メスを入れられるのが嫌なら白骨になるまで頑張らないと（笑）。

長尾 そういうご遺体も乗るわけですか。人間だとわからない場合も…？

西尾 ときどきあるんですよ、警察から連絡があって、川の中から骨が見つかりました、と。人の白骨なのかどうかわからない、だからみてくださいっていうんです。中には、一度に200個くらい持って来たことがありました。川をさらったんでしょうね。で、興味もあったので、嫌というわけにもいかず。人間の骨かどうかは、わかるものです。大抵は人じゃないです。

長尾　何の骨だったんですか？

西尾　たぶん豚ですね、豚かイノシシ。もちろんそれは司法解剖にはならない、人獣鑑別っていうんですけど。今はもうＤＮＡを調べればすぐに人かどうかはわかりますから。

解剖台に乗らないためにできること

長尾　では、孤立死が増えてきたなという印象はありますか。

西尾　一人暮らしの死ということであれば増えてきています。

長尾　解剖台に乗らないための秘訣を挙げて欲しいのですが。

西尾　一人暮らしは好むと好まざるとにかかわらずなる可能性はありますので、なったとしても、社会のどこかと接触を持っておくというのは重要だと思います。昔は家族や友人に頼れたと思うのですが、昨今は頼るのが難しくなっている人もいますよね。行政の人や近所の気の合う在宅医療の先生を見つけておくとかね。でも長尾先生、先生は解剖台に乗りそうな気がします。孤立死しそうなね。

長尾　ええっ？　なんでそう思われたんですか？

西尾　うーん、なんとなく。先生、お酒が好きでしょう。そんな臭いがするんです。

長尾　酒臭いってこと？？？

西尾　いやいや、雰囲気として、孤立死しそうな臭いがするということです。あと、非常にアクティブに活動されているでしょ？　突然死しそうなくらいに。

長尾　突然死したら解剖台に乗ることもあるんですか。

西尾　ありますよ。突然死っていうのは、今まで元気だった人がパタッと死ぬんです。だから理由がわからないわけです。

長尾　たとえば僕が今日、家に帰らずにお酒を飲んでその辺のホテルに泊まって、突然死んじゃったら、ホテルから警察、警察から先生のところへ行くわけですか。

西尾　そうです。そういうことです。

長尾　つまり孤立死って、二極化していくのかな。さっき話したような、セルフ・ネグレクトみたいにゆっくり死んでいくおじいさんと、結構アクティブに元気に働いていて、路上とかホテルで突然死ぬ場合と。私みたいに超元気な人にもリスクはあるんですね。

西尾　そうです。元気だからといって解剖されないわけでもない。

長尾　高齢者の入浴死が増えていますが、それも解剖されることがあるのでしょうか。

西尾　警察の対応にもよりますが、入浴死の場合は犯罪性が否定されていることが多いですよね。解剖して、溺死しているのか病気なのか調べた方がいいのでしょうけど、警察としてもどこまでやるのか？　という話になります。監察医は現場によく行っていると思いますが、私どものところにはそれほど多くは来ません。

長尾　僕も入浴死はときどき見ます。大家族の中にいても気づかれずに入浴中に死ぬ。どう見ても（事件性のない）溺死なんだけど、急性心不全とか書きます、溺死とは書かない。かわいそうだから。そのくらいは医師の裁量じゃないかと思うんです。大家族のおじいちゃんが一人で朝風呂に入って死んでいた場合、孤独死でも孤立死でもないんだけどね。でも、お湯が冷たくなるまで誰にも気づかれなかったんです。家庭内離婚って言葉があるくらいで、広い家で別々の暮らしをしていると、一人でひっそり死ぬというのはあり得る話ですよね。ところで先生は、解剖台の上の人に、抱きしめてあげたくなるような感情を抱かれたことはありますか？

西尾　かわいそうというのは……ないですね。そういうところではないです。解剖台に乗ってしまうということは、もうそういう段階ではないです。でも、子どもが運ばれて来るとそういった気持ちになることがあります。

長尾　あと、遺体を切っていて、怖いと思うことはないですか？

西尾　不思議と怖くないです。もう亡くなっているので安心して切れるというのは、あります。僕のやることによって、生命に危険が生じるとか、そういうことはないですからね。あと、遺体が古いとか傷んでいるとか、そういう理由で嫌だと思うこともないですね。

長尾　ひどい死臭がすることもあるでしょう。マスクをしたり鼻栓をしたりして防ぐのですか？

西尾　一応、感染の防御はしなくてはいけないので、感染症対応のN95マスクはします。それでも臭いはします。それでも、かわいそうという感覚にはなりません。長年の経験で慣れてしまっただけかもしれませんが、人間は放っておけば腐敗するというのは自然現象ですよね。細菌が活動しているから、腐敗するだけの話です。むしろ、時間が経っているにも関わらず、遺体の形があまり変わらない、というような方が気持ち悪いですね。

長尾　私はときどき、講演会で「九相図」という仏教絵画をスライドで紹介します。死体がどのように朽ちていくかという経過を九段階で描いた、実によくできた絵です。昔の人は、このような絵を使って、死を学習していたのです。しかも九相図のモデルは美人が多い。どうやら、「どんな美人でも結局はこうなっちゃうんだ」ということを若いお坊さんに教えることで、雑念を取り払おうとする役割もあったようです。

でも、現代の人のほうが、あの絵を見ると衝撃を受けるようですね。人が朽ちていくところなんて、誰も見たことがないわけですから。どちらかと言うと女性のほうが、興味津々で見てくれます。

西尾　私の本『死体格差』も、若い女性が興味を持ってくれていますね。法医学に興味を示すのは女性が多いみたいですね。

長尾　男は怖がりだからねえ。

西尾　男性読者の中には、怖い本ですねっていう感想が一定数あるんです。でも、女性にそういう人はいません。あとは、80歳以上の人が読むと、身につまされるような感覚になるみたいなんです。だから僕もあまり強くすすめません。70代くらいまでの、親の世代の死と重ねて見られる世代だったら、自分の死がまだ先だって思えるから、まだ客観的に読めると思うんですけどね。

長尾　でも本当は、その世代の男性が一番読むべきなんですけどね。では最後に、先生、あえて孤独死と言いますが、孤独死とは一言で言うと何でしょう？

西尾　一人暮らしで死ぬことを望んでいない人が、一人で亡くなってしまうことでしょうか。

長尾　孤独死は不幸でしょうか。

西尾　孤独で死にたくないと思っている人が孤独に亡くなるというのがよくないと思います。不幸だと思います。でも、一人で亡くなることをよしとしている人が一人で亡くなっていても、それはまあ、なんの問題もないと思うんです。一人で死ぬことを望んでない人には、社会として何かしてあげたいです。周りの人や行政が拾い上げて、一人で亡くならないような方策を立ててあげないと。

長尾　僕はね、死はみんな孤独死だと思っています。二人で同時に自殺したりしない限り、みんな孤独死だと思う。誰も付き合ってくれないし、いくら仲のいい夫婦でも一緒には逝けないわけだし。死は、基本孤独です。でも、正直解剖台に乗るのは嫌ですね。嫌だなと思う気持ちの正体は一体何なのかなって、今もずっと考えているんだけど……そう遠回りせずに消えて、灰になってなくなりたい。腐るっていうのが、人に手間や迷惑をかけることのような気がしてそれが嫌だなって言うのが自分のどこかにあるような気がします。それぞれ死に関しては違う考え方があるだろうけど。今までは、死ぬ前のことはさんざん議論してきたけど、死んだあとのことは話したことがなかったから、今日は新鮮でした。ありがとうございました。

西尾　ありがとうございました。

２０１７年11月　尼崎市にて収録

西尾元（にしお はじめ）　1962年、大阪府生まれ。兵庫医科大学法医学講座主任教授、法医解剖医。香川医科大学医学部卒業後、同大学院、大阪医科大学法医学教室を経て、2009年より現職。兵庫県内の阪神間における6市1町の法医解剖を担当している。突然死に関する論文をはじめ、法医学の現場から臨床医学へのアプローチも行っている。近著『死体格差 解剖台の上の「声なき声」より』が大きな反響を呼んでいる。

おわりに　死ぬときはひとり、でも死んだあともひとりは寂しい

本書を読んでいただいた方に感謝申し上げます。なんとも言えない溜息が聞こえてきそうです。それにしても男って哀しい動物ですね。寿命は短く、しかも孤独死しやすい。私の外来にやってくる患者さんも在宅の患者さんも、講演会に来られるお客様も7割が女性。でも、孤独死する7割は男性。女性の多くは自宅や施設でみんなに見守られて平穏死できる。一方、男性はこっそりと孤独死……なのか。

しかし「孤独死の何がいけないの。いいじゃないか」という声も聞こえてきます。過剰な医療や介護も受けず、国にも貢献した立派な最期には勲章をあげたくなるような方もおられます。そもそも、死ぬときはみんな「ひとり」です。二人一緒に死のうと思ったら、飛行機事故などの不慮の事故か、無理心中くらいしかないでしょう。

病院でも施設でも、大家族の中でも誰にも見守られずにひとりで死んでいく人はいくらでもいます。管理されているはずの建物の中の突然死です。

しかしまさに「眠るように死ぬ」わけですからある意味、理想的かもしれません。たま

たま死ぬ瞬間に誰もいなかっただけ。

しかしその後、何日が経過してから発見されると、消防→警察→監察医→解剖医と大騒ぎとなります。日数が長くなればなるほど腐敗が進んだり白骨化したりします。残された人の記憶には、「ああ、あの人は孤独死した」という悲しい思いが焼きつきます。

「死んだあとやから、どうでもええやん」という人もいるでしょう。しかし、『やっぱりイヤや。綺麗なまま死にたい」という人もいるでしょう。

長時間放置される孤独死は私もイヤです。寂しい。西尾先生によれば私はその可能性が高いそうですが、なんとか避けたいと思います。


本書は、孤独死を真正面から考えた本です。都市部では在宅死の半数が孤独死という現実があるのに、私たちは半分の在宅看取りにしか目を向けてきませんでした。

残り半分は、普段目にすることがないため知らないフリをしてきました。しかし孤独死は全国各地で年々増加しており、もはや無視できない数です。

国は在宅看取りを謳ってきましたが、それだけでは不十分です。残り半分の孤独死にもちゃんと目を向けないといけません。というわけで、本書の巻末には、〈死亡小票の分析〉のデータを添付することとしました。市民にはあまり関係ないかもしれませんが、医療や介護、行政に関わる人は是非、目を通していただければと思います。重要性が医療界のみならず広く世間に理解されて、各自治体が制度的に取り組む機運が高まることを強く期待しています。

これからの医療職・介護職の仕事は、「町づくり」と言われています。それは「認知症になっても徘徊できる町づくり」に加えて「孤独死を出さない町づくり」でもあると私は考えます。

しかしこれは市民や行政だけでなく、ICT（情報通信技術）の力なども結集しないと前進しません。そのために「孤独死の傾向と対策」を示したのが本書です。

一方、本書と同時に発売される『痛い在宅医』は在宅医療の負の側面を、医師が初めて書いた本です。どちらも決して明るい本ではありません。

しかし、もはや美談だけで「看取り」や「在宅医療」を語れる時代ではありません。

私は、うわべだけの綺麗事は大嫌い。負の側面までも正視することで本物の希望が見えてくると信じています。

どうか在宅医療と並行して孤独死を防ぐ町を、みなさんと作りましょう。それが「最期まで住み慣れた地域で暮らす」という本当の意味であると信じています。

2017年　師走　長尾和宏

謝辞
対談にお付き合いくださいました西尾元先生、そして巻末に示した貴重な資料を提供して頂いた（株）メディヴァの皆様と増崎孝弘様に心から感謝申し上げます。

別添資料

死亡診断書データから見えてくる看取りの実態

株式会社メディヴァ 提供

「自宅で臨終」に地域差3倍　在宅医療の手厚さ反映

日本経済新聞　2016 年 7 月 6 日付

自宅で亡くなる「在宅死」について、厚生労働省は6日、市区町村別の全国集計結果を初めて公表した。中核市など人口20万人以上の都市では、在宅死する人の割合に最大で約3倍の開きがあった。在宅医療の状況などが影響しているとみられる。多くの人が希望する「自宅での最期」がかなうかは地域ごとに異なる実態が明らかになった。

厚労省は 2014 年の人口動態統計などから、在宅死や在宅医療に関する全国 1741 市区町村ごとのデータ集を作成。6日、同省のホームページで公開した。

2014 年に在宅死した人の割合は全国平均で 12.8%。市区町村別では、医療機関の少ない過疎地などで割合が高くなる傾向がみられた。全国で最も高かったのは伊豆諸島の東京都神津島村で 54.8%、2番目は鹿児島県与論町で 50%と、いずれも離島だった。

中核市など人口 20 万人以上の都市では、神奈川県横須賀市が 22.9%で最も高く、東京都葛飾区の 21.7%が続いた。最も低かったのは鹿児島市の 8.0%だった。

厚労省によると、24 時間対応で往診している「在宅療養支援診療所」がない自治体が 28%あり、こうした在宅医療の体制が手薄な自治体で在宅死の割合が低くなる傾向がある。同省は今後、各地の「在宅みとり」の考え方の違いなども含め、詳しく分析する。

この数値は本当に見るべき指標なのか？

人口20万人以上の自治体の在宅死の割合（%）

	高い市区町村		低い市区町村	
①	神奈川県横須賀市	22.9	鹿児島市	8.0
②	東京都葛飾区	21.7	長崎県佐世保市	8.5
③	千葉県市川市	21.5	北海道旭川市	8.5
④	東京都新宿区	21.4	富山市	8.5
⑤	東京都墨田区	20.0	北九州市	8.7
⑥	東京都江戸川区	19.9	松江市	8.8
⑦	東京都豊島区	19.2	大阪府枚方市	9.0
⑧	千葉県船橋市	18.7	群馬県伊勢崎市	9.1
⑨	東京都江東区	18.7	新潟市	9.2
⑩	福島市	18.5	秋田市	9.2

（注）厚生省の資料をもとに作成

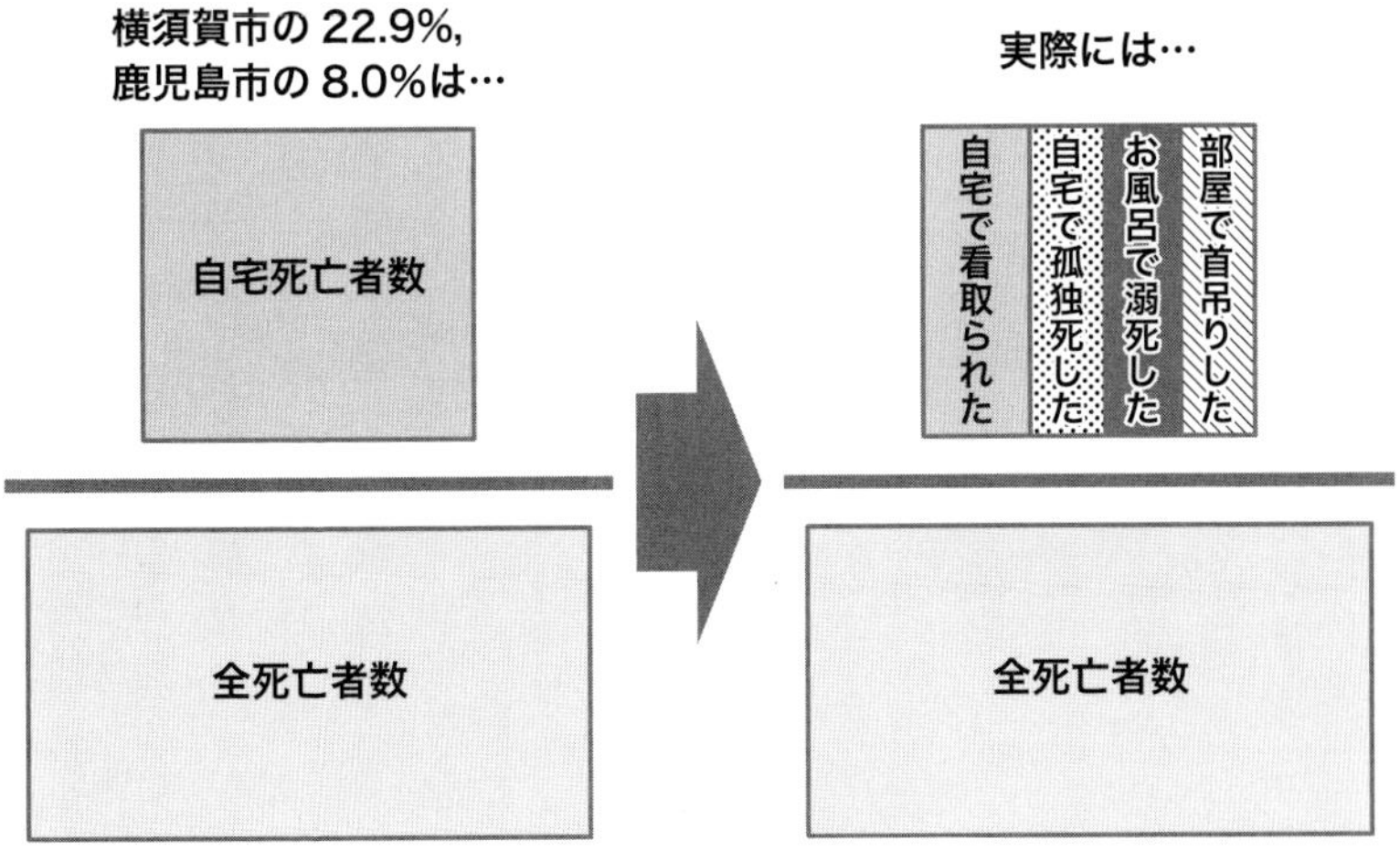

死亡診断書を見れば、自宅死亡者の内訳がわかる

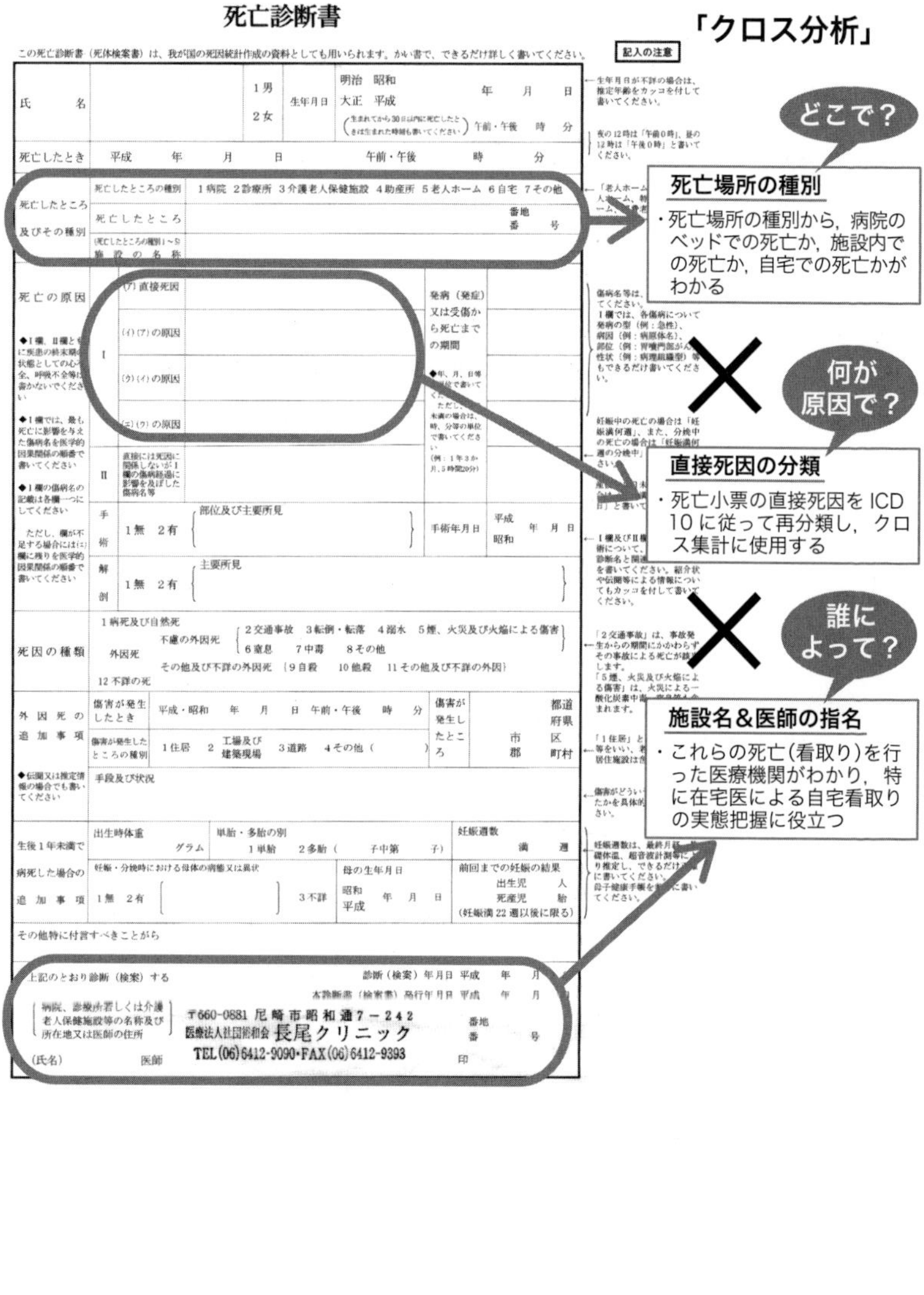

死亡診断書が発行される“看取り死”と、死体検案書が発行される“異状死”

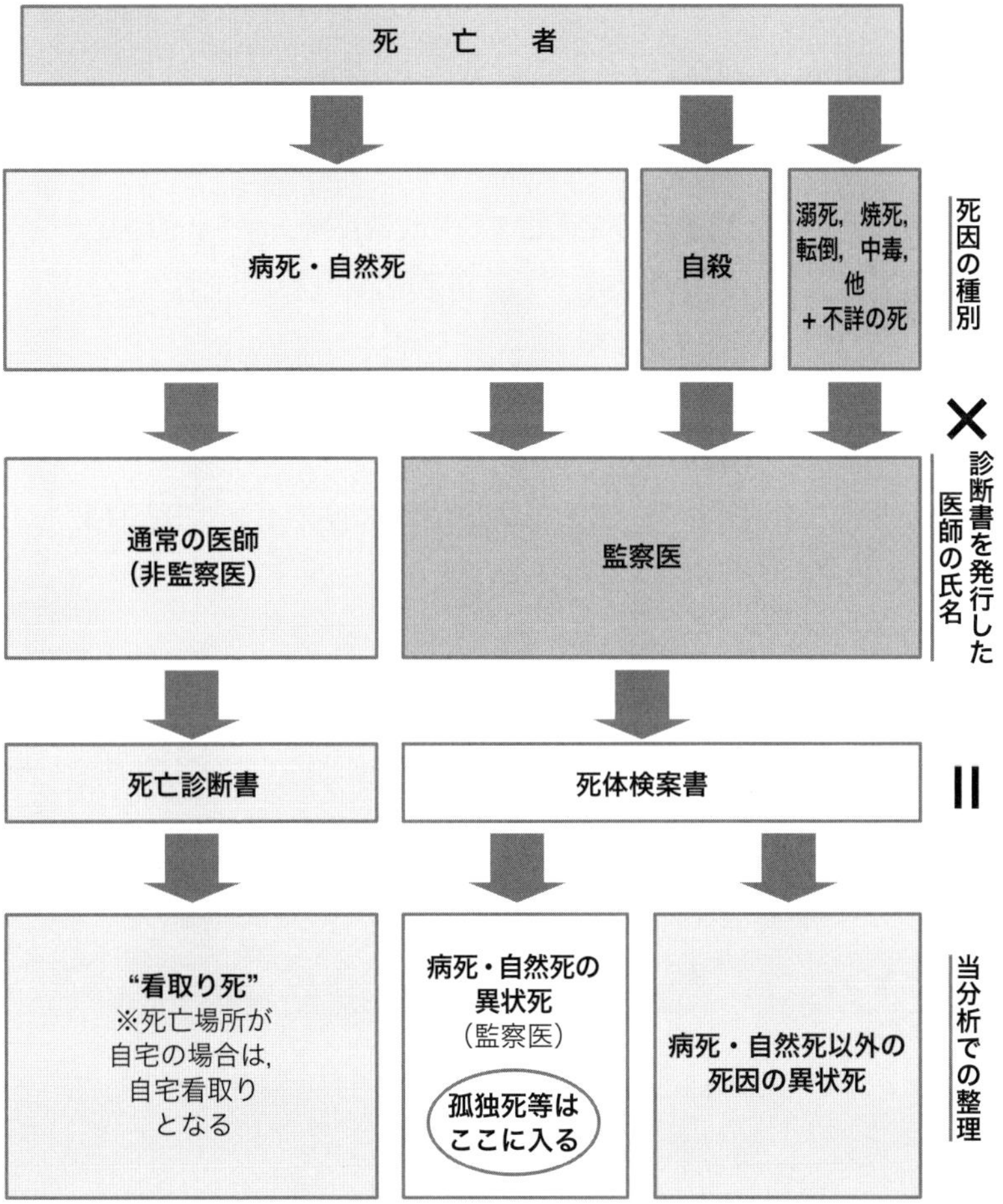

横浜市における調査

全死亡診断書の調査

2013年の，横浜市での全死亡診断書は32,974件。うち96%が横浜市在住者

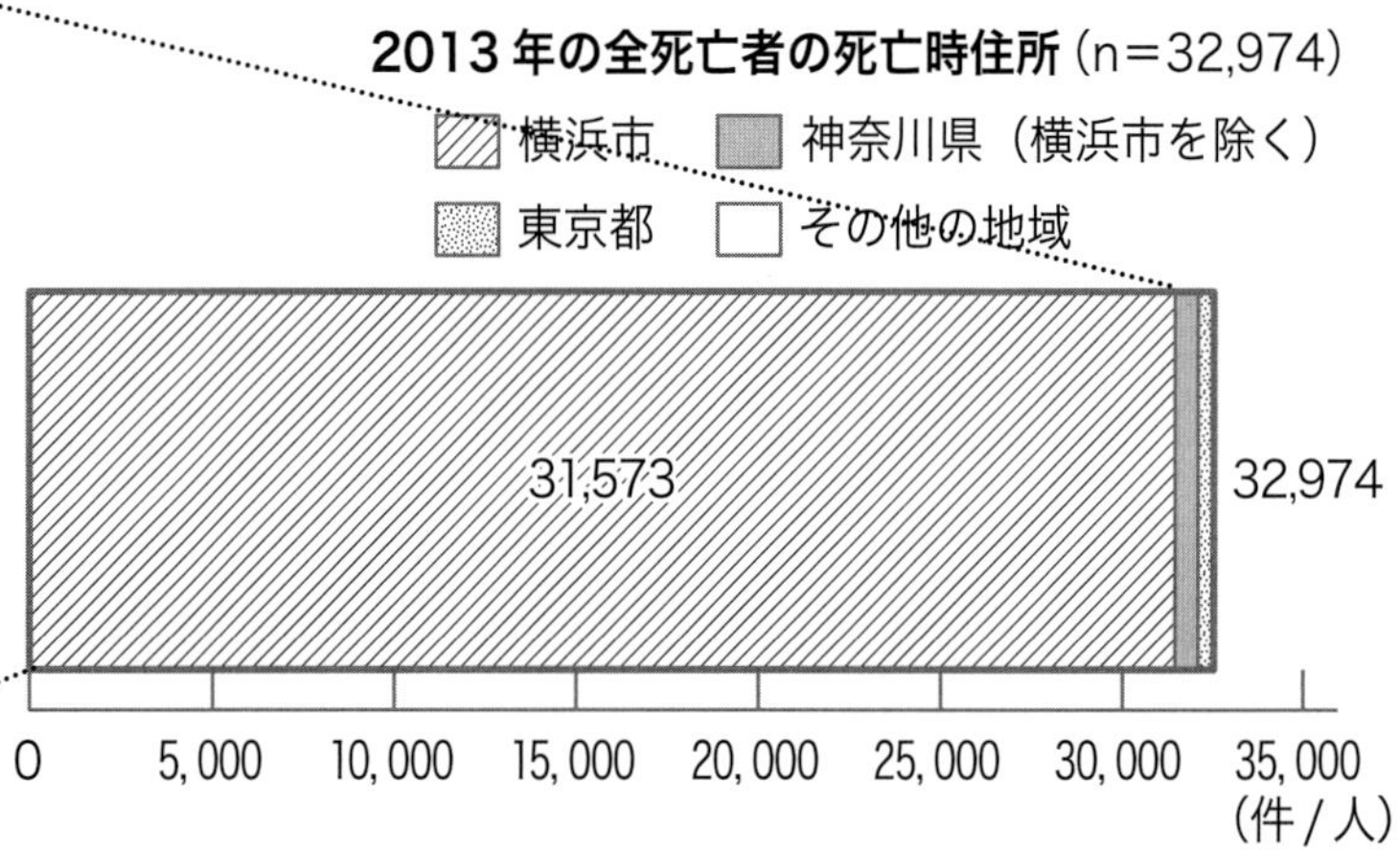

出典：横浜市 人口動態調査 死亡小票分析（2013年）（以下同）

3/4 が医療機関で死亡，自宅死亡者は全体の 15%だった

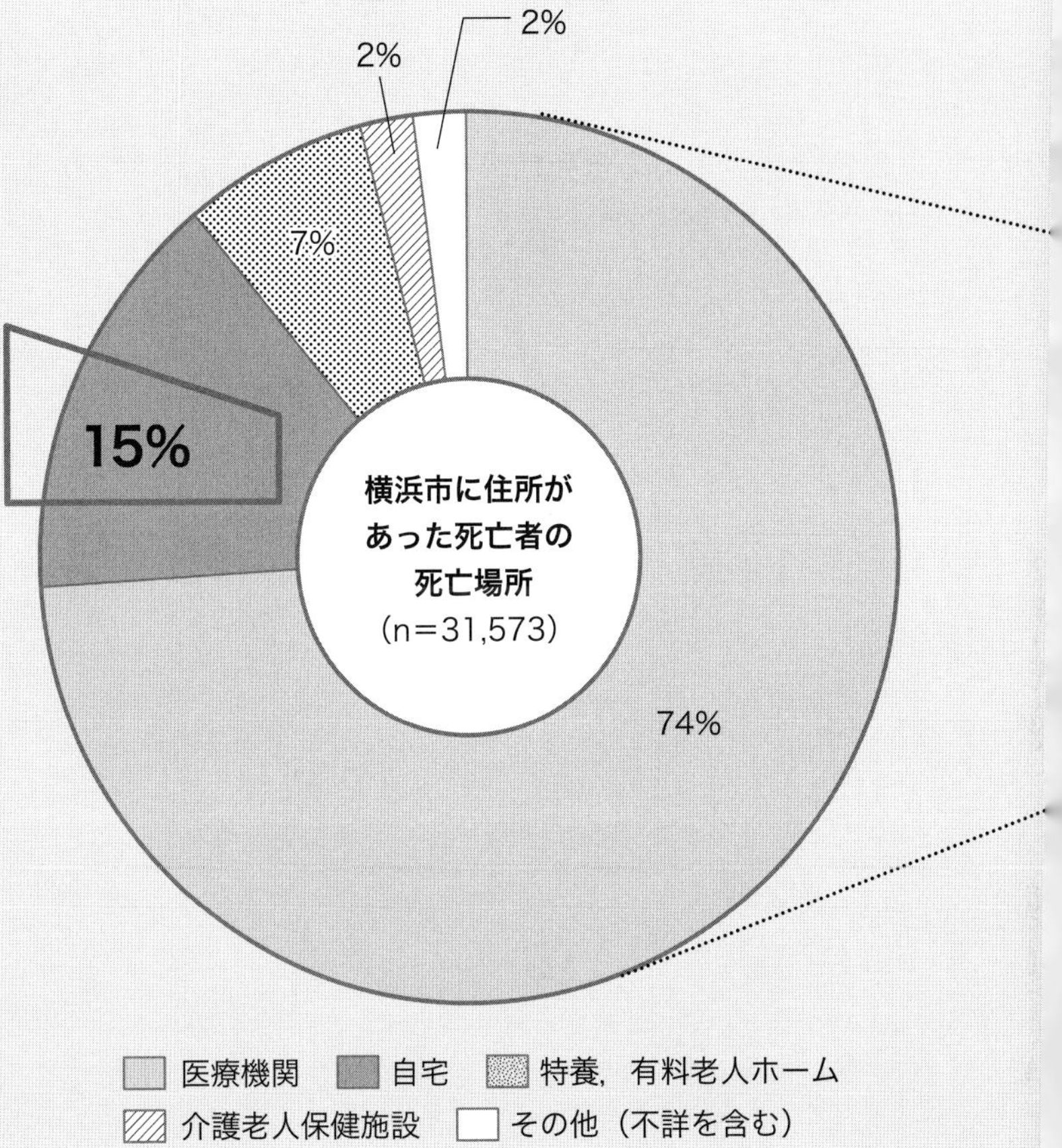

①

前ページの円グラフを棒グラフで表すと，このようにに展開できる

横浜市に住所があった死亡者の死亡場所（n=31,573）

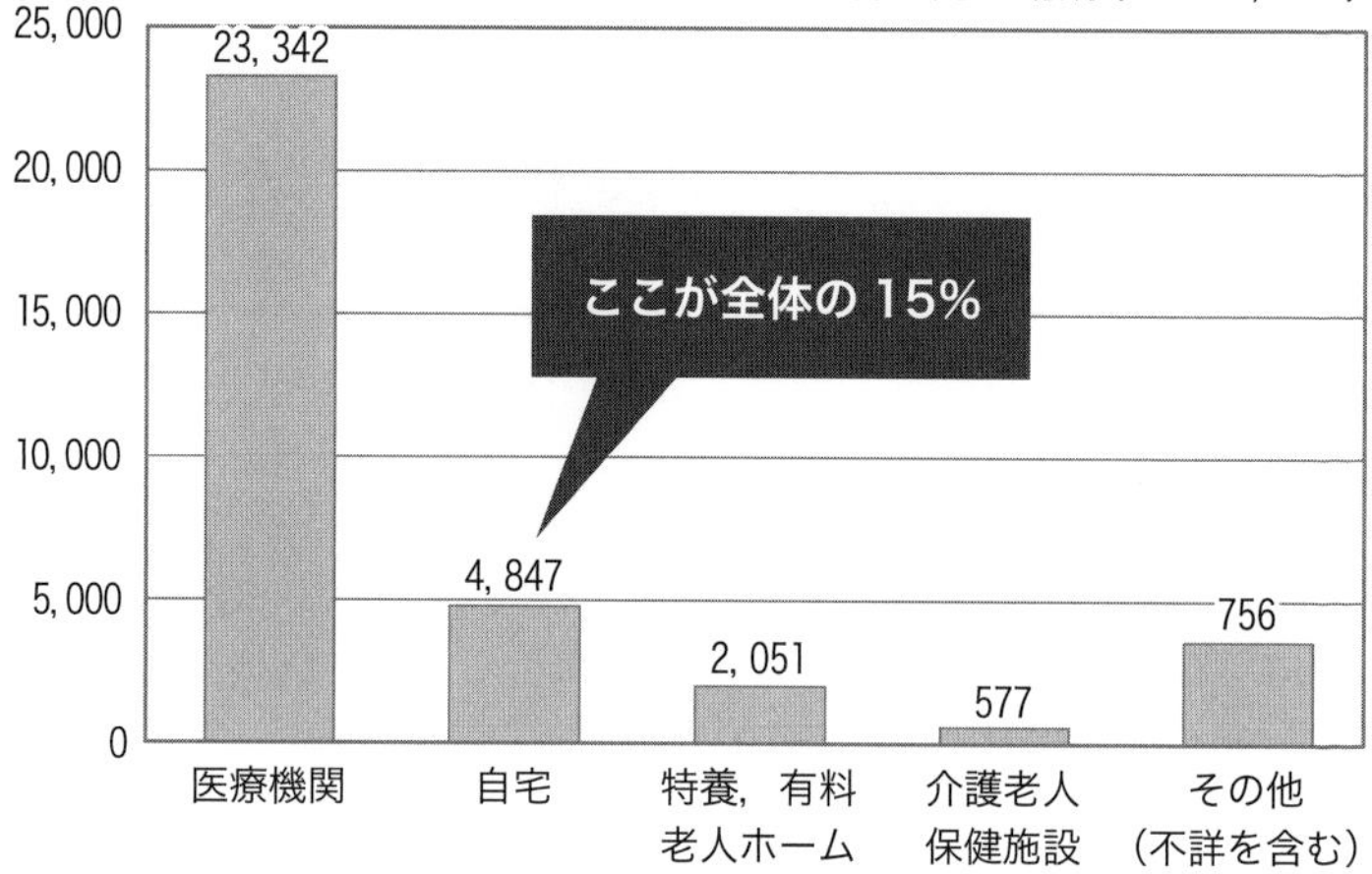

②

そこから自殺等，“病死・自然死以外の異状死”を切り出す

横浜市に住所があった死亡者の死亡場所（n=31,573）

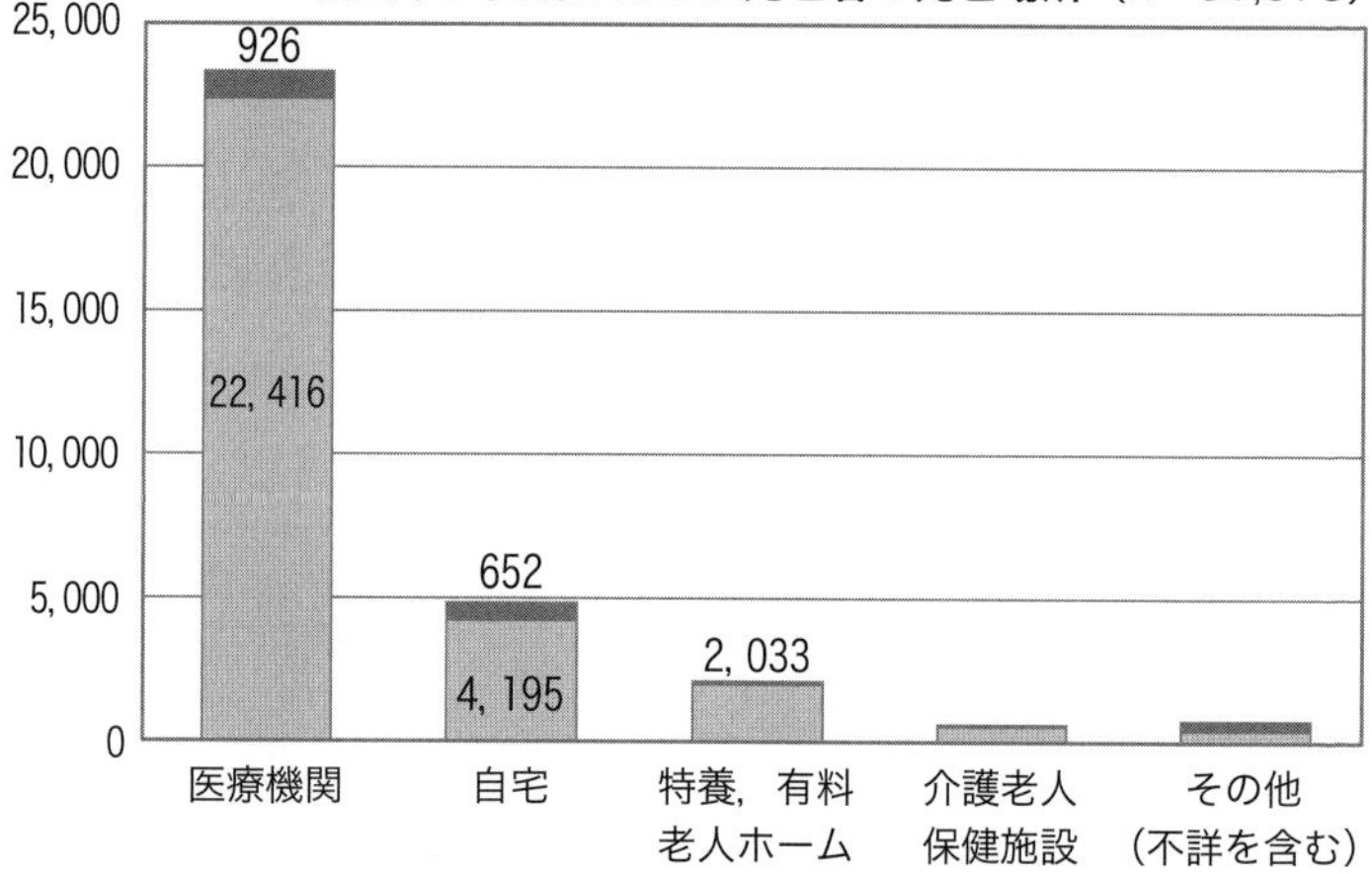

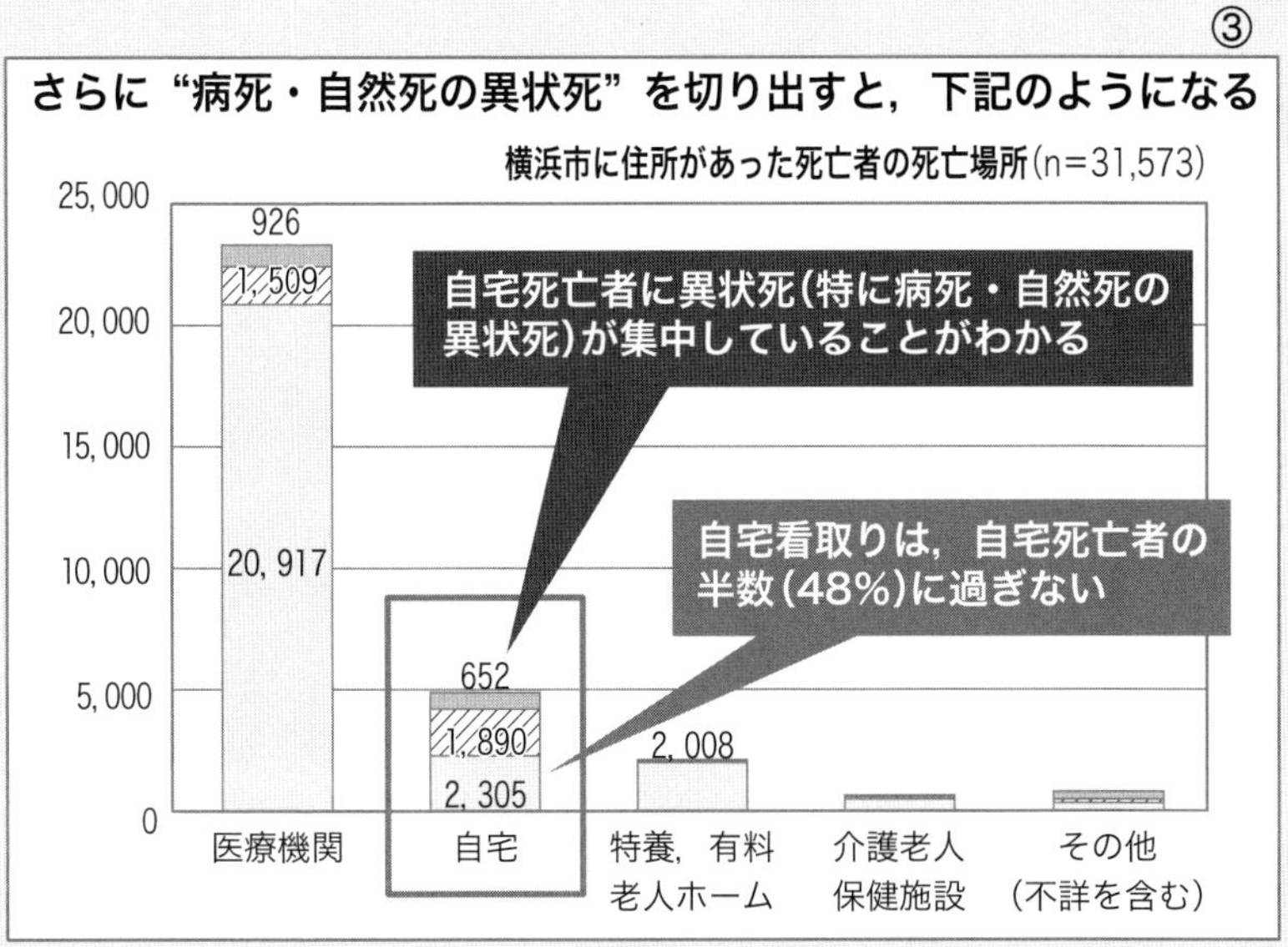
③
さらに“病死・自然死の異状死”を切り出すと，下記のようになる
横浜市に住所があった死亡者の死亡場所(n=31,573)
25,000
20,000
15,000
10,000
5,000
0
926
1,509
20,917
652
1,890
2,305
2,008
自宅死亡者に異状死(特に病死・自然死の異状死)が集中していることがわかる
自宅看取りは，自宅死亡者の半数(48%)に過ぎない
医療機関
自宅
特養，有料老人ホーム
介護老人保健施設
その他(不詳を含む)

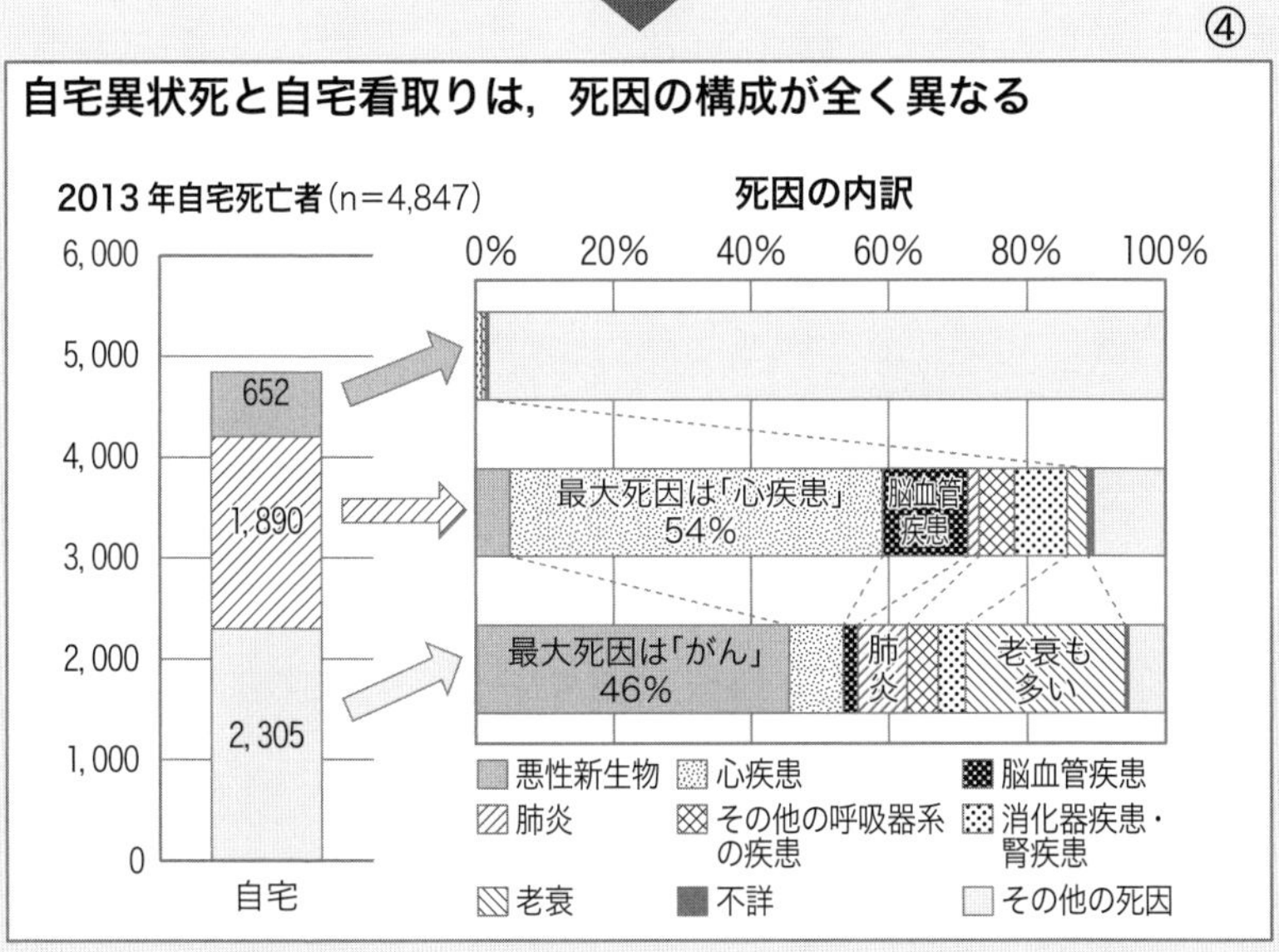
④
自宅異状死と自宅看取りは，死因の構成が全く異なる
2013年自宅死亡者(n=4,847)
6,000
5,000
4,000
3,000
2,000
1,000
0
652
1,890
2,305
自宅
死因の内訳
0%
20%
40%
60%
80%
100%
最大死因は「心疾患」54%
脳血管疾患
最大死因は「がん」46%
肺炎
老衰も多い
悪性新生物
心疾患
脳血管疾患
肺炎
その他の呼吸器系の疾患
消化器疾患・腎疾患
老衰
不詳
その他の死因

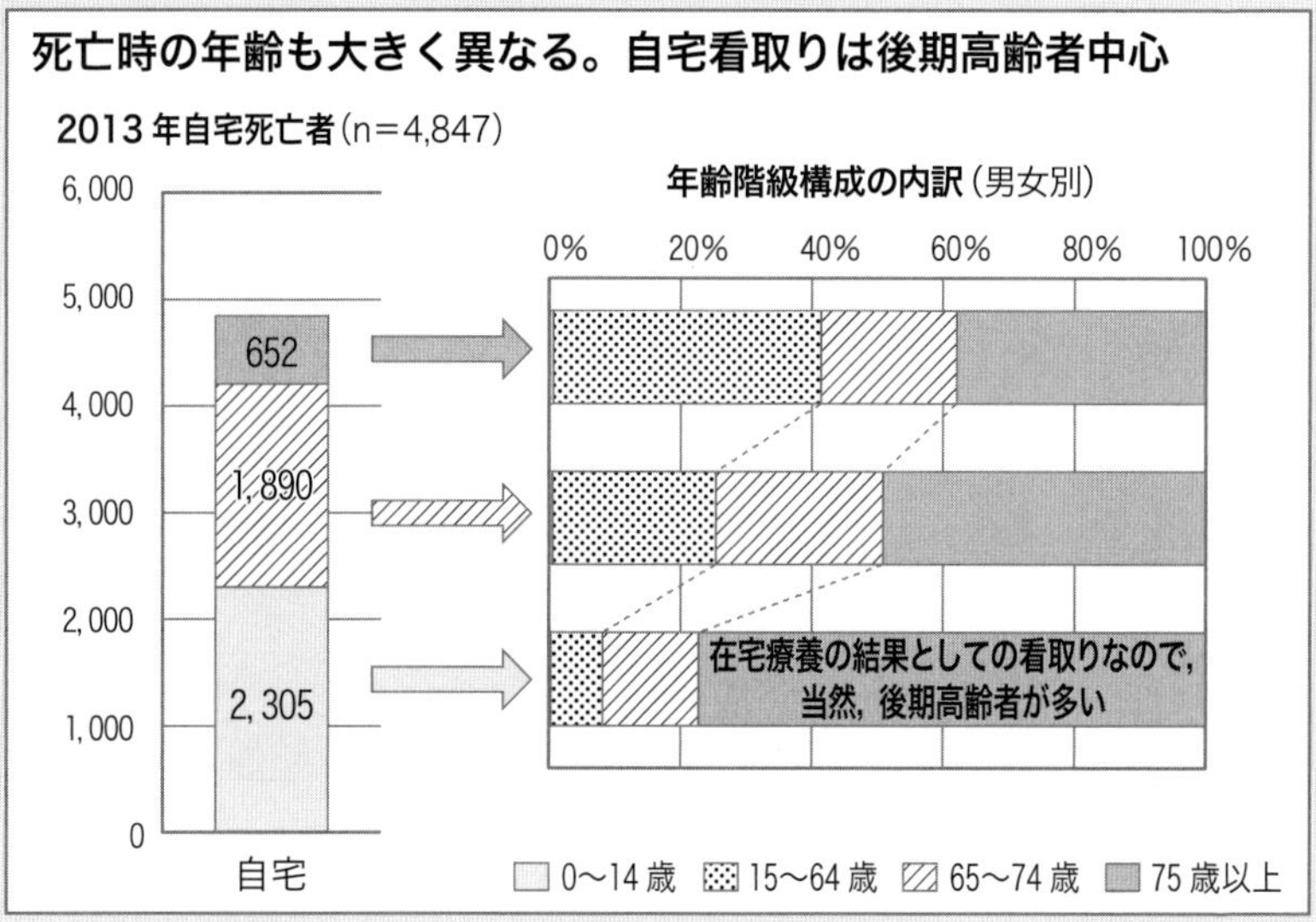
死亡時の年齢も大きく異なる。自宅看取りは後期高齢者中心
2013 年自宅死亡者(n=4,847)
年齢階級構成の内訳(男女別)
0% 20% 40% 60% 80% 100%
6,000 5,000 4,000 3,000 2,000 1,000 0
652
1,890
2,305
自宅
在宅療養の結果としての看取りなので,
当然,後期高齢者が多い
0~14 歳 15~64 歳 65~74 歳 75 歳以上

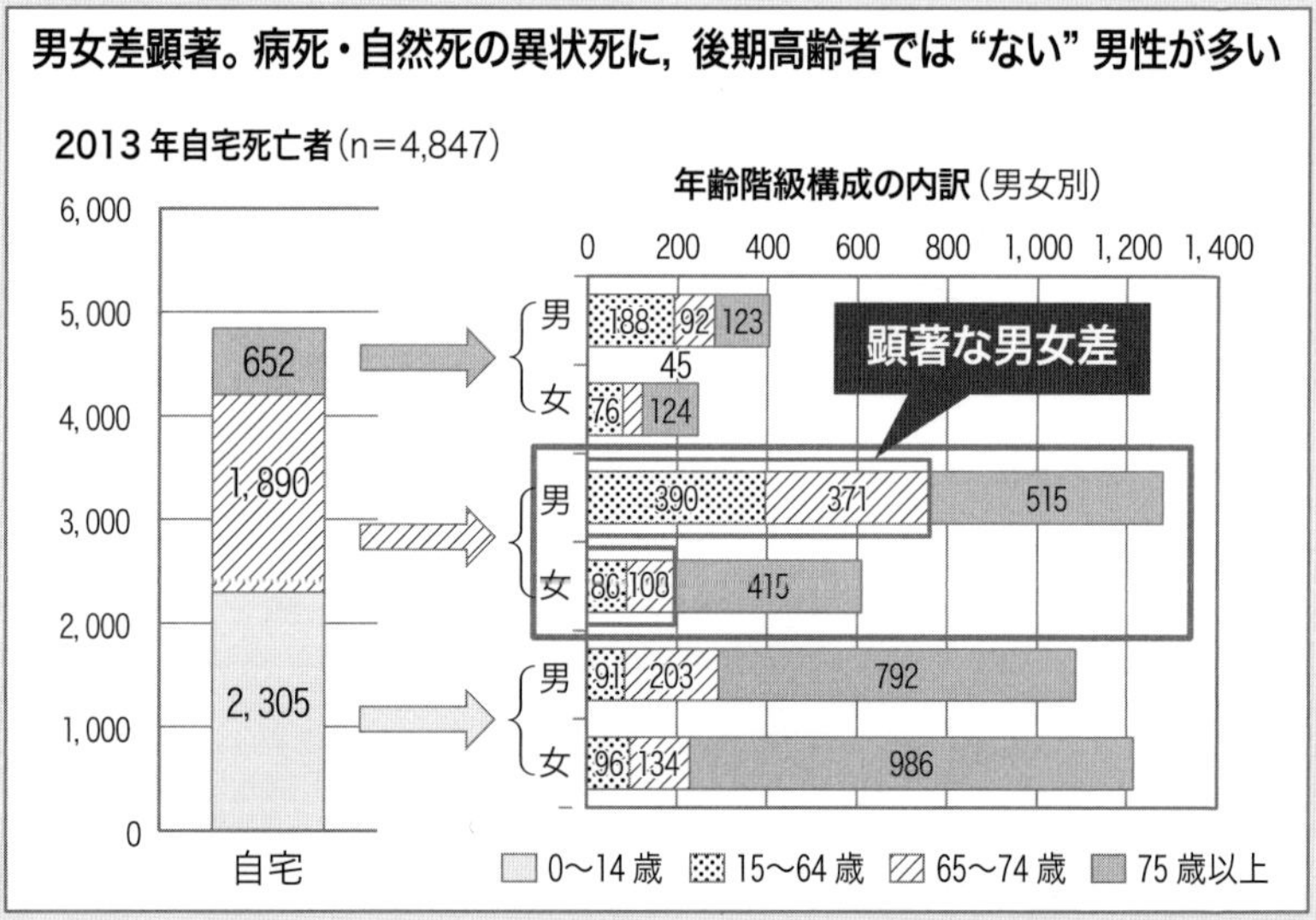
男女差顕著。病死・自然死の異状死に,後期高齢者では“ない”男性が多い
2013 年自宅死亡者(n=4,847)
年齢階級構成の内訳(男女別)
0 200 400 600 800 1,000 1,200 1,400
6,000 5,000 4,000 3,000 2,000 1,000 0
652
1,890
2,305
自宅
男 188 92 123
45
女 76 124
顕著な男女差
男 390 371 515
女 80 100 415
男 91 203 792
女 96 134 986
0~14 歳 15~64 歳 65~74 歳 75 歳以上

病死。自然死の異状死の、男女差の内訳。
男性では、若く、とくに消化器疾患（→肝疾患）が女性に比べ多い

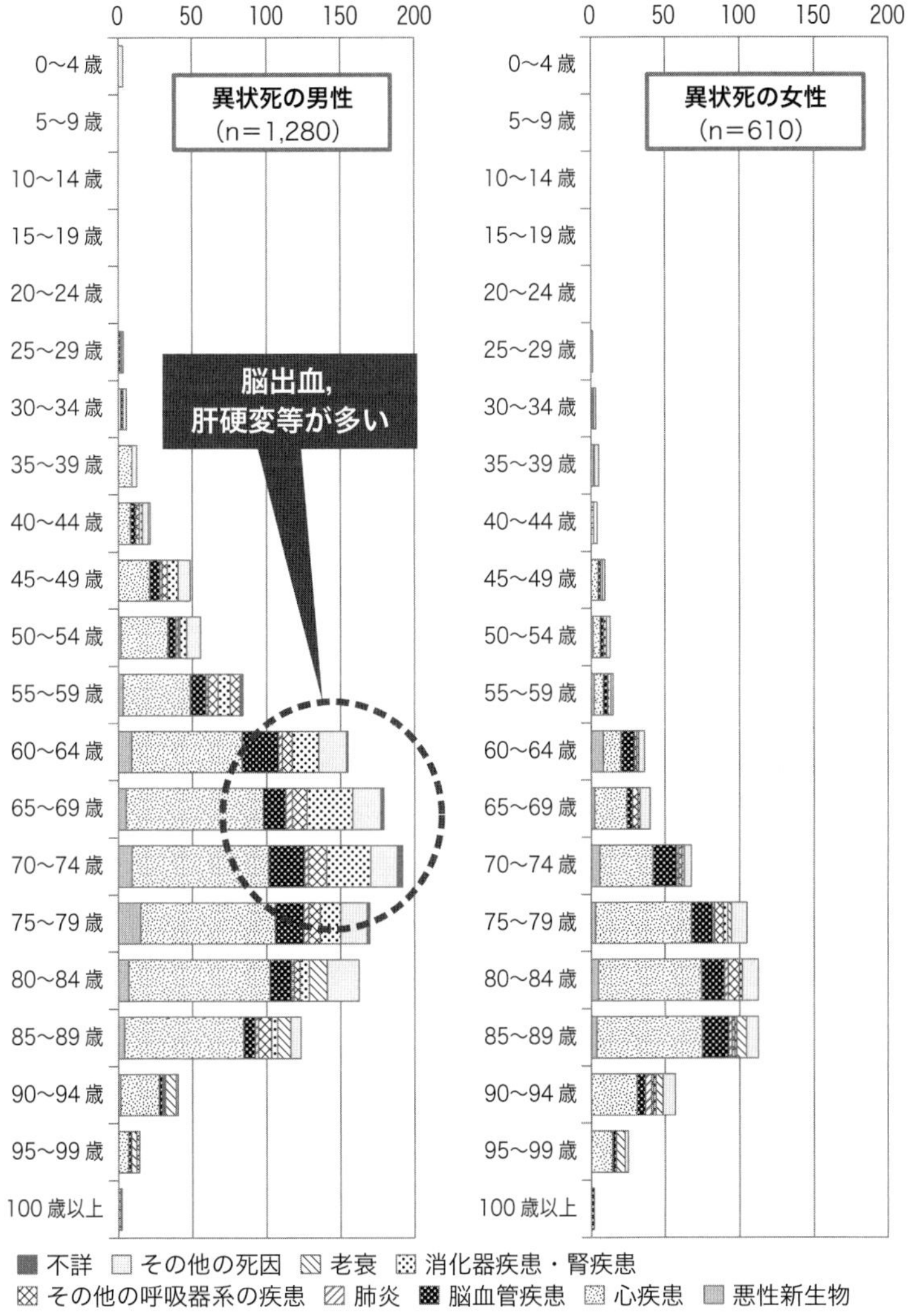

著者プロフィール
長尾和宏（ながお・かずひろ）
医学博士。医療法人社団裕和会理事長。長尾クリニック院長。一般社団法人 日本尊厳死協会副理事長・関西支部長。日本慢性期医療協会理事。日本ホスピス在宅ケア研究会理事。全国在宅療養支援診療所連絡会理事。一般社団法人 エンドオブライフ・ケア協会理事。
一般社団法人 抗認知症薬の適量処方を実現する会代表理事。関西国際大学客員教授。
2012年、『「平穏死」10の条件』がベストセラーに。近著に、『痛い在宅医』『痛くない死に方』『薬のやめどき』『抗がん剤10の「やめどき」』『親の「老い」を受け入れる』(すべて小社)、『病気の9割は歩くだけで治る！』『歩き方で人生が変わる』（山と渓谷社）など。
まぐまぐ！有料メルマガ＜痛くない死に方＞も話題。
登録はこちらから　→ http://www.mag2.com/m/0001679615.html

男の孤独死

2017年12月26日　初版第一刷発行
2018年 1月22日　初版第二刷発行

著者　長尾和宏

カバーデザイン　ＨＩＲＯ
本文デザイン　谷敦（アーティザンカンパニー）
構成協力　橋口佐紀子
編集　小宮亜里　黒澤麻子

発行者　田中幹男
発行所　株式会社ブックマン社
〒101-0065　千代田区西神田3-3-5
TEL 03-3237-7777　FAX 03-5226-9599　http://bookman.co.jp

本書内コラム〈有名人から学ぶ孤独死〉は著者が連載中の、夕刊フジ「ドクター和のニッポン臨終図巻」より再録致しました。

ISBN 978-4-89308-895-6

印刷・製本：図書印刷株式会社